미디어융합시대의 디지털방송

인터랙티브 방송광고

미디어융합시대의 디지털방송
인터랙티브 방송광고

안종배 著

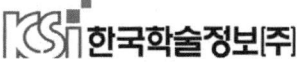

한국학술정보[주]

목 차

제5부 디지털방송, 인터랙티브 광고마케팅 용어

표 목차

그림 목차

제1부

미디어융합시대 인터랙티브 방송광고 환경

Ⅰ. 미디어융합시대 방송미디어 환경 변화

1. 방송미디어의 특성 변화

오늘날 우리 사회와 대중들을 지배하고 있는 뉴미디어는 기존의 미디어를 종합적으로 사용하고 있음에도 불구하고 기존의 미디어와는 다른 여러 가지 특징들을 지니고 있다. 새로운 매체의 특징에 대하여 상호작용적(interactive), 개인화(demassi fied), 비동시성(asynchronous)의 세 가지 특성으로 구분하기도 한다.

1) 상호작용성(Interactive)

커뮤니케이션 방향에 근본적 변화가 일어나면서 인쇄매체와 전파매체가 보여준 일방적 혹은 일 대 다수로의 흐름에서 벗어나 상호작용적(interactive)으로 변화되고 있다. 수용자들은 상호작용적 커뮤니케이션 체계에서 수동적이고 반작용적 행동에서 벗어나 능동적 주체가 된다.

2) 개인화(demassified)

뉴미디어는 대규모 수용자 집단 내의 각 사람들이 특정 메시지까지 서로 교환할 수 있을 정도로 탈 대중적(demassified)이다. 새로운 매체의 이러한 개인화로 인해 실제 면대면 형태의 대인 커뮤니케이션이 가

능하게 되었다. 이 점에서 새로운 커뮤니케이션 기술은 대중매체와 대
조를 이룬다. 결국 탈 대중화라는 것은 매스커뮤니케이션 체계에 대한
통제가 메시지 생산자에게서 메시지 수용자에게로 이전되었음을 의미
하는 것이다.

3) 비동시성(asynchronous)

새로운 커뮤니케이션 기술의 또 다른 특징은 비동시성(asynchronous)
이다. 이로 인해 사람들은 편리한 시간에 메시지를 주고받을 수 있게 되
었다. 또는 뉴미디어에 대한 개념으로 디지털화(digitalization), 상호작용
성(interactivity), 하이퍼텍스트(hypertextuality), 분배(dispersal), 가상
성(virtuality) 등으로 구별하기도 한다.

2. 방송미디어의 종류 변화

1) 디지털 지상파방송

모든 나라에서 지상파방송은 정부의 규제 아래 시장의 진입, 퇴출이
이루어지며 독점적 산업으로서의 성격을 지니고 있다. 이러한 산업 환경
으로 지상파방송 사업자들은 정부의 보호와 규제를 받으면서 성장해 왔
다. 변화 속도도 다른 산업에 비해서 안정적이고 비교적 예측이 가능한
편이었다. 그러나 1990년대부터 시작된 전 세계적인 방송산업의 탈규제
정책 강화 및 방송통신 융합은 방송산업의 근본적인 변화를 가져왔다.

케이블 TV, 위성방송 도입 이전에는 지상파 TV만이 정기적으로 영상 정보를 제공하였으므로 이를 대체할 수 있는 매체가 존재하지 않았고, 이에 따라 지상파 TV사업자들은 방송서비스의 효율성이나 질에 대해서 고민할 필요가 없었다. 단지 공익성 추구라는 추상적인 목표 아래에서 조직의 규모만을 키우려는 움직임으로 인해 조직 및 자원의 비효율성 문제가 가시화되었다.

그러나 케이블TV, 위성방송의 등장으로 인한 다매체 환경 형성 및 탈규제 정책 강화로 인해 지상파방송사는 시장지배자로서의 위치를 더 이상 유지하기 힘든 상황에 이르게 됐다. 2003년 지상파방송사의 영리 매출 증가율은 전년도에 비해 1.1%인 반면, 케이블TV는 75%, 위성방송은 135.5%로 나타났다(방송위원회, 2004). 이는 방송산업이 경쟁체제로 전환됨에 따라 지상파방송사가 처해 있는 상황을 극명하게 보여준다. 이런 상황 속에서 지상파방송사는 생존을 위한 전략으로서 사업다각화를 시도하고 있다.

먼저 KBS는 사업 다각화의 성격이 경제적인 동기보다는 공기업으로서 경영의 효율성 제고 차원에서 접근한 것으로 보여진다. 1980년대 말부터 자회사를 설립하기 시작한 KBS는 1990년대 들어 KBS영상사업단, KBS문화사업단, KBS아트비전을 설립하게 된다. 그러나 자회사 간 업무영역이 중복되고 비효율적인 운영 등의 문제가 드러나 기존의 자회사를 합병하거나 민영화 작업 등을 통해 자회사의 수를 큰 폭으로 줄이게 된다. 2000년대 들어서는 인터넷 분야로의 진출을 위해 KT와 공동출자한 인터넷 방송국인 크레지오 닷컴이 탄생한다. 그러나 현재는 KBS 인터넷으로 사명이 바뀌었다. 현재, KBS미디어, KBS아트비전, KBS비즈니스, e-KBS, KBS 인터넷, KBS SKY 6개의 계열사를 갖고 있다. MBC는 광고전문회사 MBC애드컴, 방송교육회사 MBC아카데미, 그리고 분사형태의 자회사인 방송기술전문회사 MBC미디어텍 등 2005년 현재 9개의 자회사를 거느리고 있다. 지상파방송사 가운데 가장 늦게 출범한 SBS는 인터넷 방송국인 SBSi, 본사의 보도제작본부를 담당하는 뉴스텍, 영상·미술·기술 분야를 담당하는 아트텍, SBS 스포츠채널, SBS 슈퍼모델대회를 주관하는 SBS美 등 총 15개나 되는 자회사를 거느리고 있다. SBS는 지상파방송사 가운데 가장 먼저 인터넷 방송국 및 방송채널사용사업에 진출한 회사로서 빠르게 변하는 방송환경에서 수익성 제고 및 경영합리화 방안을 위한 노력에 앞장서 온 것으로 보인다.

황상재·김형일(2003)은 한국 지상파방송사의 사업다각화는 1990년대는 정부의 정책과 방송환경 변화 등 외부적인 조건에 의해 이루어졌다면 2000년대 들어서는 방송시장의 경쟁심화로 인한 광고수익 감소 등 현실적인 문제에 대처하기 위해 관련 다각화 중심에서 벗어나 인터넷 등 뉴미디어 사업뿐만 아니라 방송과 관련 없는 사업에도 진출하는 등 수익성 다변화 현상이 나타난다고 설명한다. 또한 지상파방송사의 사업다각화 성과에 대해서 공영방송인 KBS가 수익성이 가장 낮고 SBS가 초반부터 수익성을 중시하는 다각화 전략을 성공적으로 수행한 결과 상당한 성과를 보여준다고 결론을 내렸다.

한편, 정보통신정책연구원(2002)이 국내 방송산업의 경쟁구도를 분석한 결과에 의하면, 매체별 현재 보유하고 있는 경쟁역량에 대한 평가에서 지상파방송은 콘텐츠 보유력, 콘텐츠 제작능력, 자금력/재정상태, 인력, 마케팅 능력, 다양한 융합서비스 제공 능력의 6개 경쟁역량 부문에서 모두 보통 이상의 평가를 받았다. 그리고 지상파방송이 보완해야 될 역량으로는 콘텐츠 제작 능력이 가장 시급한 것으로 나타났다. 융합 환경에서 콘텐츠 영역은 가치 사슬의 최상위 사업자로서 중요한 역할을 담당한다. 앞으로의 콘텐츠는 단순한 영상 정보물에 국한되지 않고 다양한 네트워크 또는 시스템상에서 수용자에게 궁극적으로 제공되는 서비스라는 의미에서 "어플리케이션(application)" 개념에 가까워지고, 콘텐츠 중심으로 전체 산업의 가치 사슬이 재편될 가능성이

크다(정보통신정책연구원, 2004a). 따라서 콘텐츠 제작 능력을 보완하는 일은 지상파방송뿐만이 아니라 케이블TV, 위성방송에도 적용된다.

매체별 매출액 점유율 전망에 대한 결과에서는 2001년에 지상파방송의 점유율은 58%였으나 2007년도에는 47%에도 못 미치는 수준이 될 것이라고 전망하고 있다. 반면 2007년도 케이블TV의 점유율은 2001년도에 비해 5% 증가한 12%에 가까워질 것으로 예상했고, 위성방송 점유율도 10%를 상회할 것으로 전망했다. 또한, 국내 방송시장 경쟁체제하에서의 매체별 점유율 전망 결과에서 매출액과 시청점유율 모두에서 지상파방송이 약 53%, 케이블TV가 26%, 그리고 위성방송이 20%의 점유율을 기록하면 경쟁관계가 성립될 것으로 전망하고 있는 것으로 나타났다.

이러한 전망에서 알 수 있듯이 당분간은 현 독과점구조하에서 지상파방송사는 우월한 지위를 유지해 갈 것으로 보인다. 하지만 케이블TV와 위성방송의 경쟁역량이 강화될수록 지상파방송 중심의 기존 구도에서 벗어나 케이블TV와 위성방송이 방송산업에서 주요한 역할을 맡게 될 것으로 예상된다.

2) 디지털 케이블 방송

미국에서 그 시초를 찾아볼 수 있는 케이블TV는 1940년대 말 난시청 문제를 해결하기 위해 공동 안테나TV(community antenna television)를 설치한 것으로 시작됐으나, 이후 기존 텔레비전 프로그램의 재전송, 자체 제작 프로그램 방송, 지역 정보통신망, 및 위성을 통한 중계를 통한 전국적인 서비스가 가능한 방송매체로 성장했다. 최근에는 디지털화에 따라 보다 많은 방송 채널 서비스가 가능해졌으며, 쌍방향데이터 방송 및 인터넷과 인터넷 전화서비스(VoIP)까지 가능한 뉴미디어로 자리 잡고 있다. 기존 TV 매체가 불특정 다수를 대상으로 전파를 내보내는 방송(broadcasting)매체라면, 케이블TV는 세분화된 시청자를 대상으로 전문화된 프로그램을 편성하여 제공하는 대표적인 협송(narrowcasting)매체이다. 이를테면, 케이블TV에는 영화, 스포츠, 뉴스, 홈쇼핑 등 전문채널이 존재하여 시청자들의 기호에 맞는 채널을 선택할 수 있는 것이다.

우리나라의 경우 난시청 수요와 지상파방송과는 다른 새로운 프로그램에 대한 수요를 동시에 가지고 1995년 3월 처음으로 케이블TV 방송을 시작하여 48개의 케이블TV 방송국(System Operator: SO)과 24개의 프로그램 공급자(Program Provider: PP), 2개 전송망 사업자(Network Operator: NO)가 방송을 개시했다. 그러나 가입자 확보에 난항을 격고 가입자들이 대부분 저가형 티어에 머무는 바람에 아직도 케이블TV는 본연의 찾지 못한 채 새로운 방향을 모색하고 있다.

미국과 일본의 종합유선방송국이 전송망사업까지 담당하고 있지만, 기본적으로 케이블TV의 구조는 사업영역별로 구분하면 프로그램 공급자(PP), 종합유선방송국 사업자(SO), 전송망 사업자(NO)의 영역으로 나눌 수 있다. 이러한 구분과 함께 사업자 간 수평적, 수직적 결합이 금지되어 있었고, 특히 PP와 SO 간 차별성이 존재하는 상황에서 획일적인 수익배분 및 협상방식은 개별적인 노력에 의한 시장성장이 아닌 무임승차의 유인책만 된 셈이어서 궁극적으로 시장의 성장을 가로막는 규제로 작용하였다(강형철, 1997; 정보통신정책연구원(2004b); 김동규, 1998; 원재연, 1997). 이후 2000년 방송법에 의해 규제가 풀리면서 MSO(Multiple System Operator)와 MPP(Multiple Program Provider)가 허용되고 SO와 PP를 동시에 경영하거나 SO 자체가 전송망을 갖는 단계로도 변하고 있다.

특히, MSO에 대한 제한규정이 대폭 완화되면서 대규모 사업자들의 진출도 급격히 늘어나고 있다. 아직 MSO의 시장지배력에 대해서 우려

할 정도는 아니지만 선진국 사례와 비교할 때 매우 빠른 속도로 시장을 지배하고 있는 추세이다. 한국디지털위성방송(스카이라이프)이 출범하면서 국내 케이블방송 시장이 MSO로 재편되기 시작하여 본격적인 경쟁시대를 맞게 되었다. 이런 현상으로 일부 중계유선방송사업자가 SO로 전환하여 경쟁력을 제고하는 경우도 생기게 된 것이다.

케이블TV 방송사업자의 대형화에 따른 규모의 경제 및 범위의 경제 실현은 과거 개별독립화되어 있는 PP영역에서도 일어나고 있다. 여러 개의 PP들은 단일 사업자가 복합 소유함으로써 MPP화가 강화되고 있다. 대표적인 예가, 온미디어(www.onmedia.co.kr)가 영화채널인 OCN, OCN Action, OCN Classic, HBO, HBO Plus, 바둑 TV, 투니버스, 온게임네크워크, MTV 등 9개의 채널을 운영하고 있는 것이다. CJ미디어(www.cjmedia.net)도 영화채널 XTM, 음악채널 엠넷(m.net) 등 2005년 현재 9개 채널을 운영하고 있다.

이러한 규제완화로 인한 케이블TV 산업계의 변화에 대해서 주정민(2002)은 구조, 행위, 성과 면에서 설명하고 있다. 먼저, 구조면에서는 동일지역에서 복수의 SO가 경쟁하는 체제가 생겼고, 몇 개의 거대 MSO, MPP, MSP 등이 시장을 주도하는 상황이 벌어졌다는 것이고, 행위 면에서는 외국자본의 유입이 활발해지고 지상파방송사의 PP가 주요 PP로 부각되었으며, 사업자 간 경쟁이 심화되면서 불공정 경쟁도 출현했다는 것이다. 성과 면에서는 케이블TV가입자 수의 증가 및 수익성의 호전이라는 긍정적인 측면과 함께 시장 내에서 채널과 자본의 집중화가 형성됨으로써 이것이 시청자의 서비스 선택권에 제한을 가져다줄 수 있으며 사업자 간 과당경쟁으로 시장이 왜곡될 가능성도 있다고 주장했다.

케이블TV 시장에 본격적인 경쟁체제가 도입된 시점에서 기존의 케이블TV 경쟁 효과에 대한 연구결과는 공통적으로 경쟁시장 독점시장보다 월 수신료가 낮고, 제공하는 채널의 수도 많다고 결론짓고 있다는 것이다(Merline, 1990; Levin & Meisel, 1991; Beil et al., 1993; Emmons & Prager, 1997; Beard & Ford, 1999). 미국 연방통신위원회 (FCC)의 다채널시장 경쟁상황 보고서에서도 이러한 경쟁과 가격과의 관계에 대한 결과는 동일이다. 특히, 서비스 시장이 작을수록(가입가구가 1만 가구 이하) 경쟁상황이 서비스 가격 하락에 더 큰 영향을 주는 것으로 나타났다(FCC, 2002; 2003). 이인찬·윤충한(2000)은 유선방송 경쟁의 효과연구에서 중계유선방송의 월 수신료와 채널수가 케이블TV 가입률에 영향을 준다는 것을 입증했다. 또한 이들의 2001년도 연구에서는 경쟁지역의 가입자들이 독점지역의 가입자들보다 수신료에 비해 훨씬 높은 품질을 보장받는다는 결론을 내렸다(윤충한·이인찬, 2001).

국내 케이블TV 산업의 규제 완화로 MSO에 대한 제한규정이 대폭 완화되면서 규모의 경제로 인한 매출과 이익 증대, 설비 공동 사용과 투자비 절감, 통합마케팅 및 가입자 관리의 효율성 증대 등을 기대할 수 있게 되었다. 이러한 MSO의 도입에 따른 영향에 대한 기존 연구 가운데, 안회균과 리트만(Ahn & Litman, 1997)은 MSO가 운영하는 지역 케이블TV 가입자가 단독 SO가 운영하는 지역의 가입자들보다 더 저렴한 가격과 더 다양한 채널을 누릴 수 있다고 설명했다. MSO가 PP도 수직적으로 통합하는 경우 시장지배력에 의한 다양성의 침해가 우려된다는 주장에 대해서, Chan-Olmsted(1996)와 조은기(1997)는 MSO를 통한 수직 결합은 거래의 협상력 강화로 인한 것인데, 이러한 경우 다양성이 침해될 가능성은 매우 낮다고 주장한다.

케이블TV의 동일지역 복수SO 정책의 효과를 실증적으로 분석한 권호영·김도연(2004)은 경쟁지역에 비해 독점지역의 매출성과가 유의미하게 높게 나타났으나, 서비스 면에서는 독점지역의 티어수가 오히려 약간 많았고, 가격 면에서의 차이는 미세한 것으로 나타났다. 또한 케이블TV 사업자 중 MSO에 속한 경우가 단독 SO에 비해 매출성과, 서비스, 가격 등에서 유의미하게 높은 성과를 나타낸 경우가 많았다고 설명한다. 그러나 동일지역에서 복수SO가 경쟁하는 상황에 대한 평가는 두 가지로 나뉜다. 먼저, 복수 SO 간의 치열한 경쟁으로 서비스 가격이 하락할 가능성은 높지만, 규모의 경제로 인한 이익이 기업의 순이익 창출에만 기여할지 소비자를 위한 서비스 질 제고로 연결이 될 수 있을지는 조금 더 지켜봐야 될 일이다.

또한, 독점을 옹호하는 시각에서는 경쟁체제가 저가 경쟁만을 부추기면서 유료 방송산업의 정상화를 방해한다고 주장한다. 결국, 이러한 케이블TV산업의 경쟁에 대한 시각은 기본적으로 공급자와 소비자의 관점 모두 고려해야 된다. 향후 케이블TV 사업자의 경쟁체제하에서의 전략 및 방송위원회의 규제변화 속에서 수용자들의 혜택에 대한 실증적 연구도 분석할 필요가 있다.

3) 디지털 위성방송

1960년대 초기에 시작된 위성방송은 통신위성을 이용하여 전송하는 프로그램을 지상의 방송사업자나 케이블TV 사업자가 수신하여 이를 다시 지상파나 케이블을 통해 각 가정에 재송신하는 방식이 일반적이었다. 그러나 직접위성방송(DBS)이 등장한 이후에는, 소형 안테나를 설치한 가정에는 위성으로부터 방송전파를 직접 수신하는 것이 가능해졌다. 최근에는 비디오/오디오 압축기술 등 디지털 기술의 수용으로 다채널 서비스 및 고화질, 고음질 서비스뿐만 아니라 VOD(Video On Demand), PPV(Pay Per View), EPG(Electronic Program Guide)등 다양한 부가서비스도 다양해졌다. 위성방송은 지형이나 고층건물에 의한 전파장애의 영향을 거의 받지 않기 때문에 화면과 화질의 질이 상당히 좋다는 특징을 갖고 있다. 또한 전파의 도달범위가 매우 넓기 때문에 전국적인 방송에도 적합하다. 이런 장점은 지상파의 난시청을 해

소하거나 케이블 방송의 접근이 용이하지 못한 지역에까지도 전국적으로 동일한 방송서비스를 가능하게 해 준다.

국내 디지털 위성방송은 2002년 3월부터 시작되었는데, 1995년 8월, 1999년 1월, 그리고 1999년 8월 무궁화위성 1, 2, 3호를 발사함으로써 위성방송의 기술적 기반을 점점 강화시켜왔다. 그렇지만 위성방송 실시에 따른 법적 근거 및 사업자 선정과 관련된 문제로 통합방송법이 제정된 2000년 12월에야 KDB 컨소시엄이 사업권을 획득하게 된다. KDB 컨소시엄이 국내 위성방송사업자가 됨에 따라 국내 위성방송사업은 경쟁의 측면에서 볼 때, 당분간 KDB 컨소시엄에 의해 독점될 것이라는 전망이 있다(정보통신정책연구원, 2001b).

해외의 주요 위성방송 사업자 중 KDM 컨소시엄과 같이 독점적인 지위에 있는 사업자로 영국의 BSkyB가 있다. 영국의 아날로그 위성방송 사업은 민간 기업인 BSB와 뉴스 코퍼레이션의 Sky TV가 각각 국내와 국외 위성을 사용해 서비스를 제공하기 시작했으나 이들이 합병을 통해 BSkyB가 탄생한 것이다. 두 사업자가 경쟁산업 구조를 형성하기 어렵다는 판단 아래, 후발 사업자였던 국외 위성방송 사업자인 Sky TV가 BSB를 흡수 합병함으로써 영국의 유료 방송시장을 독점적으로 운영하게 되었다(Chippindale & Frank, 1991). BSkyB는 영국 내 케이블TV와 지상파방송과 경쟁하기 위해 프리미엄 컨텐츠 확보에 막대한 투자를 한 것으로 나타났는데, 이처럼 컨텐츠 확보로 막대한 비용을 지출했음에도 상업적으로 성공할 수 있었던 이유를 BSKyB가 시장 내에서 독점적인 위치가 사업의 안정성에 긍정적으로 영향을 미쳤을 가능성을 고려해 볼 수 있다(정보통신정책연구원, 2001b). 위성방송 도입 시기의 산업 내 경쟁은 사업자들의 컨텐츠 확보 비용에 대한 리스크를 증가시키고 가격 경쟁을 가져와 수익구조를 취약하게 만들 가능성이 있고, 실제로 BSB가 Sky TV의 경쟁에 밀려 컨텐츠 확보에 실패해 합병을 하게 된 데에도 이러한 리스크를 확인해 볼 수 있다

(Chippindale & Frank, 1991).

국내 위성방송 사업은 중계유선을 포함한 저가 유선방송의 가입률이 높아 인접 사업자와의 경쟁은 높지만 단일 사업자에게 독점적 지위를 부여해줌으로써 산업 내 경쟁은 존재하지 않는 독특한 시장 구조를 형성하고 있다(손승혜, 2004). 즉, 케이블TV가 지역적 독점권을 가진 프랜차이즈 형태로 운영되고 있는 반면, 국내 위성방송은 KDM 컨소시엄인 스카이라이프(SkyLife)가 단일 사업자로서 독점적으로 운영하고 있다. 위에서 지적한 영국의 BSkyB 경우에서 볼 때 독점적 사업구도는 사업 초기에 빠른 시장 확보로 조기 정착 및 안정화를 가져온다는 장점이 있을 수 있지만, 장기적으로 봤을 때 적절한 규제 장치 없이 독점적인 사업운영이 지속된다면 이에 따른 부작용도 분명히 나타날 것이다. 정보통신정책연구원(2001)은 국내 위성방송의 독점적 운영이 야기할 수 있는 폐해에 대해서 크게 소비자 측면과 채널사용 사업자 측면 두 가지로 지적했다. 소비자 입장에서는 독점 사업자 운영으로 인한 시청료 등 수신비용 책정 문제와 프로그램 패키지 선택권 제한 등의 이슈가 제기될 수 있다. 한편, 채널사용 사업자의 입장에서는 채널의 패키지화, 서비스 제공, 가입자 유치 및 관리 등의 '플랫폼 사업'이 독점적으로 운영될 경우 발생할 수 있는 문제들을 지적한다. 여기에는 채널패키지에서 신규 채널 가입자 배제시키는 것, 채널 사업자에게 타매체에 대한 배타적 권리 요구하는 것 등이 해당한다.

위성방송 사업자의 독점적 지위가 가져올 부작용에 대한 우려 속에서도 우리나라 방송시장에 케이블TV에 이은 위성방송의 등장은 유료방송 서비스 이용자의 증가로 인해 방송시장의 확대를 낳았다. 또한 케이블TV와 위성방송 간 가입자 확보를 위한 경쟁과정에서 시청자들이 선호하는 채널의 증가 및 부가 서비스 확대 등 시청자 서비스가 개선되는 계기가 되었다(방송위원회, 2004). 위성방송 가입자 수를 살펴보면 도입 첫해인 2002년 6월 30만을 넘었고, 2004년 6월에는 130만에 달하는 등 매년 증가추세를 보였다(방송위원회, 2004). 2002년 위성방송 초기 가입자들을 대상으로 실시한 조사결과, 새로운 것에 대한 기대감과 프로그램의 다양성, 고음질과 고화질 등에 대한 기대감이 주요한 가입동기인 것으로 나타났었다(방송위원회, 2002).

위성방송의 도입 이후 3년이 지난 시점에서 지속적인 가입자 확보가 사업이 안정화 단계에 접어들기 전까지 무엇보다 중요하다고 할 수 있다. 이와 관련해서 확산이론을 제시한 로저스(Rogers, 2003)는 뉴미디어의 초기 확산은 초기 채택자들(early adopters)에 의해서 이루어지지만, 지속적인 확산을 위해서는 결정적 다수(critical mass)의 존재가 필수적이라고 주장한다. 국내에선 이와 관련해 박광순(2004)의 디지털 위성방송 초기 수용자특성에 관한 연구결과는 "디지털 기술에 의한 방송서비스 기능을 통해 기존방송과 차별화 할 수 있는 여러 특성이 있음에도 불구하고 디지털 위성방송의 확산은 비교적 느리게 전개될 것으로 예상된다. 결국, 소비자들 사이에서 기존의 케이블TV와 위성 TV를 대체상품으로 바라보는 시각이 존재하기 때문에, 위성 TV 사업자가 케이블TV와는 다른 차별화된 서비스를 제공하는 데 실패한다면 위성방송 가입자 수의 지속적인 증가는 기대하기 어려울 것이다. 게다가 방송위원회(2002) 조사결과, 당시 조사대상자인 위성방송 가입자들의 78.6%가 위성방송수신료가 케이블TV보다 비싸다고 응답하여, 일반 소비자에게도 이러한 인식이 확산될 가능성이 있다는 점에서 위성방송 가입자 수의 증가정도는 예측하기 어렵다.

결국, 위성방송의 임무는 일정한 수의 가입자를 확보하여 케이블TV와 대등하게 경쟁할 수 있는 구도를 만들어나가는 일이다. 하주용(2003)은 미국의 사례를 중심으로 디지털 위성방송과 케이블텔레비전의 경쟁분석을 통해 미국의 위성방송의 지속적 성장의 원동력은 정책적 지원과 위성방송 사업자의 경쟁전략 개발에 있었다고 설명했다. 이러한 시사점은 우리나라 위성방송 사업자에게도 적용될 수 있을 것이

며, 궁극적으로 방송시장 내 매체 간 경쟁증가로 수용자들은 저렴한
수신료와 다양한 서비스로 인한 혜택을 제공받게 될 것이다.

4) DMB

방송통신 융합 추세와 다매체 환경은 방송 수용자들에게 매체 및 채
널의 선택기회를 확대시키고 있다. 2003년 2월 방송위원회는 'DMB·
데이터방송 및 DMC 등 디지털방송에 관한 종합계획' 보고서를 통해
DMB(Digital Multimedia Broadca sting)를 오디오, 비디오, 데이터방송
을 모두 포괄하는 방송서비스로 보고, 우리말로는 '디지털 멀티미디어
방송'이라는 용어의 사용을 인정하였다. 이에 따라 방송위원회에서는
DMB를 "CD 수준의 음질과 데이터 또는 영상서비스가 가능하고 우수
한 고정 및 이동수신 품질을 제공하는 디지털방식의 멀티미디어 방송
으로, 전송수단(지상파/위성)에 따라 지상파DMB와 위성DMB로 구분
함"으로 정의하고 있다.

간단히 말하면, DMB는 시간과 장소에 구애를 받지 않으면서 이동 중
에 휴대폰이나 휴대형 전용 단말기를 이용한 방송 시청을 말한다. 특히,
DMB는 이동 중 수신이 가능하다는 점 이외에 비디오, 오디오, 데이터방
송 등 멀티미디어 서비스와 쌍방향 서비스가 가능하다는 점에서 방송과
통신의 융합시대의 본격적인 장을 여는 서비스라 할 수 있겠다.

세계적으로 볼 때, 국가별 시장특성에 따라 미국에서는 위성 DMB가
유럽에서는 지상파 DMB가 서비스를 주도하고 있음을 알 수 있다. 반면
국내에서는 유럽이나 미국처럼 오디오 중심이 아닌 '동영상' 기능을 추
가한 멀티미디어인 DMB로 업그레이드 된 것이다. 즉, 기존의 단순히
'듣는 방송'에서 우수한 음성 및 영상서비스를 언제 어디서나 제공할 수
있는 '보고 듣는 방송'으로 확장된 개념인 셈이다. 특히, 작은 지역에 밀

집된 동질화 된 수용자, 카메라 폰, 멀티미디어 폰 등 뉴미디어에 대한 수요가 높은 한국 시장에서 DMB도입은 수용자들의 다매체 다채널에 대한 선택성을 더욱 확대시키는 결과를 가져올 것으로 예상된다.

전송수단에 따라 구분되는 지상파DMB와 위성DMB는 이동성을 가진 디지털 멀티미디어 방송서비스라는 공통점이 있지만, 서비스 도입 배경 및 서비스 특성 간 차이가 존재한다. 지상파DMB는 지상파방송사업자를 중심으로 서비스가 준비되고 있어 지상파방송의 재전송이 가능하며, 이용 주파수로 기존 지상파방송 주파수 대역인 VHF 대역을 이용하고 있어 제공 초기에는 서울 및 수도권에만 서비스가 제공될 것으로 예상된다. 2005년 7월 정보통신부는 실권주 발생으로 법인설립이 지연된 지상파DMB사업자 KMMB를 제외한 KBS, MBC, SBS, YTN, DMB, 한국DMB 등 5개사업자에 대해 수도권 지역 지상파 DMB방송국을 허가했다.

또한, 2005년 8월 방송위원회와 정보통신위원회는 기존의 지상파 DMB '부분 유료화' 논의를 전면 무효화하고 당초 계획대로 무료 서비스로 제공하는 데 합의했다. 그동안 지상파 DMB 실험국을 운영해왔던 KBS MBC SBS 방송3사는 방송국을 계기로 기존 실험국을 방송국으로 전환하여 2005년 7월말부터 시범서비스를 제공해왔고, 본격적인 지상파 DMB서비스는 2005년 12월 1일부터 이루어질 것으로 예상된다.

한편, 2005년 5월 국내 최초로 위성 DMB 상용서비스를 개시한 TU미디어는 단기적으로는 지상파 DMB와 장기적으로는 통신기술 기반의 여타 방송서비스와 경쟁하게 될 것으로 예상된다. 위성DMB는 지상파 DMB와는 달리 위성을 매개로 한 서비스이며, 높은 출력으로 전국적 네트워크와 이동수신에 유리한 기술적 특성을 지녔다(송영화·정하재, 2004). 지상파 DMB가 무료 서비스인 반면, 위성DMB는 가입비 2만원, 월 사용액 1만 3천 원의 유료서비스로 운영이 된다. 이러한 이유로 지상파DMB와 위성DMB 간의 경쟁은 광고를 통한 수익 모델로 무료 서비스를 제공하는 지상파DMB가 시장에서 약진할 가능성이 높다는 게 업계의 일반적인 견해다. 한국전자통신연구원(ERTI)이 2004년 12월 'DMB시장동향'에서 지상파DMB가 2006년 145만 명의 가입자를 확보하는 반면, 위성DMB는 63만 명에 그칠 것이라며 지상파DMB가 위성DMB보다 2배가 넘는 시장을 점유할 것이라고 예상한다. 그러나 위성DMB 사업자인 TU미디어는 지상파 DMB에 대응하기 위해 전국적인 서비스와 콘텐츠 차별화에 주력하고 있어 서비스 초반 시장 선점을 위한 경쟁은 점점 치열해질 것으로 보인다.

지상파DMB와 위성DMB를 둘러싼 쟁점 중 가장 민감한 문제는 위상파DMB의 지상파 재전송 문제였다. 방송위원회가 처음에 위성DMB의 지상파방송 재송신을 불허한 이유는 무분별한 지상파방송의 재송신을 막아 방송 3사의 독과점 체제를 제지하여 다양한 방송산업의 발전을 기대하려고 했던 것이다. 또한 위성DMB의 지상파방송 재전송에 따른 지역방송의 쇠퇴를 우려하는 공영방송사와 지역방송사도 강한 반대 목소리를 냈던 것이다. 반면, 위성DMB 방송사는 새로운 방송서비스 프로그램을 확보할 시간적, 재정적 여유를 확보하기 전까지 시청률이 높은 지상파방송을 재송신할 수 있도록 요구해왔는데, 이는 나름대로 일리가 있다고 본다.

하지만, 방송위원회는 2005년 4월 19일 위성DMB의 지상파방송 재송신을 방송사업자 간 자율계약을 전제로 승인했다. 이러한 결정으로 결국 위성DMB의 지상파방송 재전신 문제는 동시 재송신 계약을 체결하는 주체 지상파방송사와 이론 인한 피해가 발생할 수 있는 여타의 지상파방송사들 간의 문제가 될 것이다. 이병섭(2005)은 위성DMB의 시장진입에 대응한 공영방송의 역할에 대한 연구에서 지상파방송사들이 위성DMB의 지상파방송 재전송을 거부하는 것은 방송복지, 공영방송 재원의 추가 확보, 국민 경제적 관점에서 볼 때 바람직하지 않다고 지적한다. 그러나 현재 상황에서는 지역방송사들의 방송구역을 침해함으로써 법적 타당성을 상실하고 지역방송의 활성화를 침해하는 근거로 수락할 수 없는 입장임을 밝히고 있다.

DMB에 대한 국내 연구로는 산업파급효과를 분석한 연구, DMB서비스 경제적 가치 및 활성화 방안관련 정책연구, 서비스의 수요특성 분석에 관한 연구, 그리고 방송위원회(2003)의 설문조사 결과를 토대로 한 DMB 서비스 이용행태 및 이용의향 등이 있다. 현재로선 부족하지만, 지상파DMB, 위성DMB 간 경쟁의 범위와 효과에 대한 이론 및 실증적 연구가 향후 연구과제가 될 것이다. 그리고 지상파 DMB 서비스가 본격화되는 시점부터 실질적인 수용자의 이용행위를 통해 경쟁관계를 구체적으로 검증하는 연구도 진행될 것이다.

5) IPTV

IPTV(Internet Protocol TV)란 기존 초고속 인터넷 망을 기반으로 고선명(HD) 동영상 서비스를 각 가정의 TV와 연결하는 서비스 및 장비를 말한다. 즉, IPTV는 방송 전파가 아닌 인터넷 프로토콜을 이용하여 인터넷 방송처럼 스트리밍 방식의 방송 프로그램을 시청하는 것이다. IPTV는 기존의 아날로그 시대의 단방향적 방송이 갖는 시공간적 제약을 붕괴시킴으로써, 보다 적극적이고 능동적으로 여러 부가 서비스를 이용할 수 있다.

IPTV는 TV를 통해 인터넷서비스를 이용할 수 있도록 개발되었다. 따라서 어려운 PC에 익숙하지 않은 사람이라도 간단히 리모콘이나 무선 키보드를 이용해 인터넷 검색은 물론 영화감상, 홈쇼핑, 홈뱅킹, 홈트레이딩, 화상서비스, 온라인 게임, 노래방, MP3 등 TV 인터넷이 제공하는 다양한 콘텐츠 및 부가서비스를 제공받을 수 있다.

또한 기존 아날로그TV 수상기에 인터넷 모뎀을 연결한 서비스를 제공함으로써 디지털방송을 기반으로 한 인터랙티브TV보다 시장을 선점할 가능성이 높다. IPTV는 디스플레이로 TV를 활용할 뿐 인터넷 접속을 통해 쌍방향 콘텐츠를 제공한다. IPTV는 초고속인터넷과 같은 통신서비스를 통해 인터넷에 접속, 디지털형식의 정보 특히 디지털방송과 호환될 수 있는 텔레비전이다. 따라서 T-커머스 등을 효율적으로 사용할 수 있게 한다.

IPTV 이용 분야는 다양하다. 데스크탑 TV 방송, 위성방송뉴스, 이벤트의 네트워크전달과 감시, 원격 교육, 트레이닝 제조 공정 등의 모니터링 그리고 서비스 기업 내의 사보, 영업기술 연수, 사내 회의 중계 등의 정보전달 등이 있다.

IPTV 국내시장에서 가장 적극적인 기업은 KT이다. KT가 추진하는 IPTV는 방송과 VOD, 인터넷전화(VoIP), 게임, 웹검색, 휴대폰단문메시지(SMS) 등을 제공하는 사실상의 방송 플랫폼이다. KT는 또한 단순히 방송을 통신영역에 끌어온다기보다는 홈 네트워크 사업의 전략적 애플리케이션으로 IPTV를 바라보고 있다. 그런 의미에서 '홈 디지털서비스(HDS)'라고 명명한 IP-VOD 시스템을 구축 완료해 홈엔(HomeN) 브랜드로 IPTV 시험서비스를 진행하고 있다.

반면 하나로 텔레콤은 방송과 VOD, 양방향 콘텐츠 등을 하나포스 초고속 인터넷망을 이용해 제공한다. 방송 콘텐츠는 공중파방송, 케이블방송, 위성방송 등 기존방송매체에서 제공되는 프로그램을 재전송할 예정이다. 또한 별도 콘텐츠 단위로 수급해 방송형태로 재편집해 제공하는 방안도 모색하고 있다. 이 회사는 향후 생활정보, 게임, T-커머스 등 다양한 서비스를 적용해 나갈 계획이다.

IPTV의 논쟁거리는 IPTV를 통해 제공되는 멀티미디어 콘텐츠가 '방송'에 해당하느냐, 통신사업자들이 제공하는 부가서비스로서 '통신'에 해당하느냐 하는 것이다. 해당 콘텐츠가 방송이냐 통신이냐에 따라 규제기관과 범위가 달라지기 때문이다. 방송업계 주장대로 IPTV가 '방송'으로 인정되면 방송위원회(이하 방송위)의 방송법 아래 들어가게 된다. 이 경우 IPTV사업을 하려는 통신사업자는 방송위의 허가를 받아야 하며, 제공되는 방송물 또한 방송위의 심의를 거쳐야 한다. 하지만 '통신'으로 인정되면 전기통신 기본법의 적용을 받게 돼, IPTV사업자는 신고 절차만으로도 서비스를 제공할 수 있게 된다.

우리나라는 초고속 인터넷의 높은 보급률로 인해서 IPTV 사업을 하기 좋은 조건을 갖추고 있다. 또한 정보통신부가 BcN망을 조기 구축하려는 계획을 입안하여 추진 중이며 케이블TV 사업자들도 디지털화를 진행하고 있고, 디지털화된 HFC망을 통해서 VoIP, IPTV를 제공 추진 중이다.

포털사업에도 많은 업계에서 사업을 추진하고 있다. 삼성전자와 LG전자가 가전업체의 TV포털을 사업하고 있고 NHN, 다음커뮤니케이션, KTH 등 포털업체들도 인터넷TV 시대에 대비해 관련콘텐츠를 개발하고 시범 사업을 전개하는 등 TV포털 사업 준비에 나서고 있다.

6) 모바일 방송

3G모바일, 즉 세대를 뜻하는 Generation의 G와 Mobile Technology의 합성어로서 3세대 이동통신기술을 의미한다. 이는 기존의 아날로그 시대가 디지털로 변화하는 과정에서 온 기술의 패러다임적 변화와 함께 인간의 삶의 패턴을 변화시킬 수 있는 기술로 인식된다.

1세대 모바일 기술은 미국 AT&T사의 Bell Lab에서 개발된AMPS(Advanced Mobile Phone System) 등으로서 아날로그 통신기술기반의 음성송수신이다. 예를 들면 자동차 안의 카폰, 무선 전화이다.

2세대 모바일기술은 데이터를 디지털로 변환하면서 고용량 압축 및 전송이 가능해지면서 주고받을 수 있는 데이터의 양이 급증, 동시에 정보보안기술이나 지능형 네트웍 등장했다. 여러 가지 표준이 생겨나게 되었는데 유럽에서는 GSM, 미국에서는 TDMA, 그리고 한국에서는 CDMA 표준을 채택한다.

2.5세대 모바일기술은 PCS/PHS 등의 기술 등이 약간의 주파수대역을 달리하여 발생되어 각각의 통신사업자들이 이를 이용하여 시장을 세분화하기 시작했다.

3세대 모바일기술은 IMT-2000의 혁신적인 변화이다. 소비자들은 어려운 신기술을 사는 것이 아니라 기술로 인하여 얻을 수 있는 혜택을 사는 것이기 때문에 커다란 시장을 형성하지는 못하였다. 또한 이와 함께 발달한 유선 네트워크 기반하의 인터넷 기술과의 적절한 인터페이스가 중요하게 됨. 이러한 분위기 속에서 다시 나타난 것이 바로 4G 모바일 또는 Beyond 3G 모바일이다. 현재 3G의 한계점을 넘어서는 능력 즉 ADSL수준의 고속 인터넷 접속속도, 또한 각각의 기기들이 서로 통신을 가능하게 해주는 wireless IP기반의 접속을 통하여 Convergence를 이루어 Human-World와 Net-World의 완벽한 Interface를 이루어내는 것이 그것이다. 이러한 4G 모바일 기술은 결국 3G모바일과 W-LAN이 결합된 것이다.

3G 모바일이 시장에서 활용된 사례는 무엇보다도 휴대전화를 통해 무선으로 인터넷에 접속하여 데이터 통신이나 인터넷 서비스를 이용하는 것을 들 수 있다. 이는 모바일이 가질 수 있는 장점을 가장 크게 활용할 수 있는 것이 바로 개인용 단말기이기 때문이다. 이러한 휴대전화를 이용하여서 고객에게 상품화하여 제공할 수 있었던 서비스는 다음과 같다.

첫째, 위치기반 서비스이다. 이것은 이동성의 특징을 이용한 서비스로 사용자가 자신의 위치와 관련된 컨텐츠나 정보를 제공 받는 것이다.

둘째, 개인기반 서비스이다. 이것은 개인 일정관리, 북마크, 주소록 등 개인 맞춤 정보 서비스이다. 그 예로 PIMS 즉 개인 일정관리 및 정보관

리서비스가 그 예로서 이를 인터넷 접속을 통하여 저장 확인할 수 있으며 또한 네트웍 환경을 통하여 필요로 하는 여럿과 공유도 할 수 있다.

셋째, 실시간 기반 서비스이다. 이동 중에 능동적인 정보접근이 가능하고 뉴스속보나 이메일 증권 뉴스 등의 서비스를 실시간으로 제공받을 수 있게 하는 서비스이다. 이를 통하여 예전에는 정보의 사각지대였던 이동 중의 시간을 어둠 속에서 끌어내는 효과를 거두게 되었다.

넷째, 음성기반 서비스이다. 음성으로 읽어주거나 입력방식에서 한계가 존재하는 휴대전화기의 제한된 입출력 인터페이스를 획기적으로 개선해 줄 수 있는 서비스이다.

다섯째, 컨버전스를 통한 서비스이다. 모바일 오피스의 탄생이나 디지털 가전기기와 결합을 통한 원격제어서비스가 이것이다. 이는 우선 모든 디지털 기기들이 서로가 인식하며 데이터를 주고 받을 수 있는 기술이 뒷받침되어야 하는데 그것은 크게 나누어 무선 IP와 무선 접속 방식을 들 수 있다. 세상에 존재하는 모든 기기들에게 IP를 부여하기에는 현재의 IPv4는 부족하지만 IPv6는 모든 기기에 무선 네트웍을 통하여 인식할 수 있을 정도의 Coverage를 가지고 있다.

7) 텔레매틱스

텔레매틱스(Telematics)는 원격 통신(Telecommunication)과 정보과학(Informa tics)이 합쳐진 단어로, 운송 수단의 이동 중에 정보가 제공되는 무선 데이터 서비스를 지칭하는 말로서 차량·항공·선박 등 운송 장비에 내장된 컴퓨터와 무선 통신 기술, 위성 항법 장치, 인터넷에서 문자 신호와 음성 신호를 바꾸는 기술 등에 의해 정보를 주고 받을 수 있는 무선 데이터 서비스이다. 즉 무선 네트워크를 통해 운전자에게 운전은 물론 생활에 필요한 다양한 정보를 실시간으로 제공하는 서비스로 텔레매틱스 시장은 컴퓨터와 이동통신을 조합한 차세대 자동차기술의 꽃으로 부상하고 있다. 텔레매틱스 기술은 크게 도로안내 및 교통정보서비스, 안전보안서비스, 엔터테인먼트 정보 제공 등으로 구분할 수 있다. 텔레매틱스 서비스가 상용화되면 운전자는 자동차에 장착된 무선모뎀 액정단말기를 통해 뉴스 수신, 주식투자, 전자상거래, 금융거래 등을 할 수 있으며 인터넷에 접속해 호텔 예약은 물론 팩스 송수신과 게임 등을 할 수 있다.

이와 같이 텔레매틱스는 LBS(Location-Based Service), ITS와의 컨버전스를 경험하게 될 것이다. 통신기술과 위치정보, 그리고 교통 물류 관련 종합 데이터베이스와의 결합은 새로운 서비스와 비즈니스 모델의 탄생과 함께 기존의 사업경계에 커다란 변화를 가져오며 더욱더 풍성한 가능성을 가져다 줄 것이다. 복합화를 통한 시너지 효과를 창출하는 동시에 유기적인 서비스 연계, 통합, 개발을 도모하여 네트워크 설비의 중복투자를 억제하고 사업의 시너지를 제고할 수 있는 방안이 요구되는 부분이기도 하다.

세 가지의 독자적 영역으로 구축되어 개별적으로 발전해 온 각 서비스는 수렴되는 지향점을 바탕으로 보다 온전한 메커니즘을 점차 갖추어 나갈 예정이다. 궁극적으로 운전자는 LBS를 통한 위치 정보와 ITS를 통한 효율적인 교통정보를 파악하면서 쌍방향의 통신 메커니즘을 통해 다양한 정보를 향유할 수 있으며, 사회적으로는 유기적인 교통망 관제 시스템을 보유하게 될 수 있을 전망이다.

또한 텔레매틱스 산업의 중흥을 기대하기 위해서는 디지털 컨텐츠와의 결합이 필수적이다. 텔레매틱스를 통해 무엇에 관한 정보를 향유할 수 있을 것인가의 해답은 디지털 컨텐츠를 통해 제공되며, 교통정보를 포함한 각종 프로그램 서비스가 이러한 형태로 제공될 것으로 전망된다. 특히 가까운 시인 내에 서비스 개시가 예상되는 DMB 서비스와 WiBro 서비스는 더욱더 컨텐츠를 풍성하게 할 전망이며, 따라서 텔레매틱스 산업과 위성방송 기술의 결합은 급물살을 탈 것이 예상된다. 위성DMB 기술은 무선인터넷 통신과 TV시청, 그리고 오디오 청취까지 아우르는 통신과 방송의 융합 서비스로서 비로소 텔레매틱스를 통해 그 가치를 십분 발휘할 수 있을 것이다.

8) PVR

PVR은 개인용 비디오 녹화기(Personal Video Recorder)의 약자로 디지털방송을 하드디스크 드라이브에 기억시키는 신개념의 디지털 레코더이다. 흔히, PVR에 대한 일반인들의 쉬운 이해를 돕기 위한 방편으로 VCR(Video Cassette Recorder)와 비교되는데, 엄격히 말하면 VCR과는 비교도 할 수 없는 고도의 디지털방송 관련기술을 요하는 제품이다.

PVR은 영상정보를 기록하여 녹화한다는 점에서 VCR과 같지만 마그네틱테이프에 영상신호를 저장하는 VCR과는 달리 하드디스크에 정보를 기록하여 컴퓨터와 같은 파일재생방식으로 재생하고, 재생을 위한 중앙처리장치(CPU) 운영체제와 재생소프트웨어 등을 담은 메모리칩, 대용량 하드디스크가 들어 있다는 점에서 VCR과 다르다.

PVR의 핵심 기능은 타임시프트라고 할 수 있다. 타임시프트(timeshift)의 사전적 의미는 시간이동, 시간변화정도가 될 것이다. 타임시프트 기능은 녹화, 재생하는 기능과 버금가는, TV 시청을 대단히 편리하게 만드는 핵심 기능 중 하나이다.

PVR은 텔레비전 프로그램을 저장뿐만 아니라 동시에 많은 프로그램을 녹화할 수 있다. 모뎀은 전화선과 연결되어 최신 방송스케줄을 수시로 전송 받아 예약녹화가 가능하고, 인터넷을 통해 각종 서비스를 제공받는다. 예약녹화 절차는 화면에서 방송목록을 선택하는 것이 전

부이다. 여러 개의 프로그램을 동시에 녹화할 수 있고 생방송을 보다
가 순간적으로 정지시키거나 몇 초, 몇 분 전의 장면부터 반복 재생하
여 볼 수도 있다.

최근 부상하고 있는 PVR의 이슈는 PVR과 DVD-RW와의 결합이
다. 이것은 하드디스크에 저장된 컨텐츠를 DVD 미디어에 저장하거나
그것을 공유할 수 있는 매우 편리한 방법이 되고 있다. 최근 게임도
인터넷을 이용하는 것이 대세인데 PVR 또한 그런 방향으로 진보하는
것은 당연하다. 네트워크를 활용한 컨텐츠 공유는 물리적인 미디어를
공유하는 것보다 훨씬 편리하다.

DVD-RW나 인터넷을 이용한 방법이 컨텐츠 공유라는 문제의 해결
방법 같지만 그렇지 않은 면도 있다. 저작권의 문제가 바로 그것이다.
지금까지 사용해 온 아날로그 영상의 경우 화질 및 저장 특성상 그리
고 시간 흐름에 따른 화질, 음질의 열화 문제 때문에 저작권이 걸림돌
이 된 적이 거의 없었다. 하지만 디지털 시대가 도래한 지금부터의 이
야기는 전혀 이해관계가 달라진다. 디지털로 전송되는 음악의 경우도
저작권 논쟁이 불거지고 있으며, 법정 소송도 불사하고 있다.

더군다나 모든 디지털 컨텐츠는 원본과 사본이 완전히 동일하고 특
히 고화질 HD 영상의 녹화가 가능한 PVR의 경우 저장된 HD급 컨텐
츠를 이용한 복사본이 발생시키는 저작권 보호에 대한 문제가 큰 이슈
가 될 수 있다. 그러나 일단 문제가 되는 HD급 영상의 경우 SD급으로
낮추어 공유하기로 한 것으로 알고 있는데, 큰 문제는 없어 보인다. 그
러나 하드디스크, DVD 등을 포함한 저장 매체에 걸려진 복제방지가
쉽게 크랙된다면 상당히 큰 문제의 소지가 있으므로 업체 측에서는 복
제방지에도 상당히 신경을 쓰고 있다.

또 다른 이슈는 PVR이 방송사의 수익구조에 상당한 영향을 미칠
것이라는 점이다. 이것은 PVR의 출현과 동시에 예견된 것이기도 하
다. 지금 어느 가정이나 한 대 이상 가지고 있는 VCR을 PVR이 대신

할 때가 되면 시청자들은 방송사가 정해 준 프로그램의 방송 시간과는 독립적으로 TV 시청 시간을 주관할 수 있다. 즉, 원하는 시간에 원하는 프로그램을 시청하는 일이 일상적으로 될 것이다. 마치 시간 여유가 있을 때 인터넷에서 다운받아 보는 영화처럼 원하는 방송 프로그램을 원하는 시간에 보게 되는 것이다.

이렇게 되면 가장 문제가 되는 것이 광고 건너뛰기 기능이다.

이 기능이 대중화되면 많은 수익을 기대하며 편성된 프라임 시간대 광고들을 사용자가 마음대로 건너뛰어 가면서 실제 방송만 골라서 시청할 것으로 예상되는데 대형TV 방송사들은 이 같은 현상을 주 수익원인 광고수입에 심각한 위협이 될 것으로 파악하고 있다.

PVR이 어느 가정에서나 가지고 있는 필수 가전이 되면 PVR은 당연히 인터넷과 연결되고 양방향 통신이 가능할 것이다. 이 시점이면 방송사들은 실시간으로 시청자들의 시청률, 시청습관, 광고스킵 행태 등을 분석할 수도 있고 이에 대응한 더 새롭고 효과적인 광고방법 과금 체계 및 새로운 광고 미디어도 만들어 낼 것이다.

PVR이 보급된 지 5년이 채 지나지 않은 현재, 급속한 비율로 증가하고 있다. 이를 보면 PVR은 우리의 TV시청습관을 근본적으로 변화시킬 가능성을 충분히 내재하고 있다. 또한 이러한 시청형태의 변화는 광고산업에도 앞서 언급한 것과 같이 지대한 영향을 미칠 것이 자명하다.

국내에서 PVR이 소비자들에게 일반화되기까지는 우선 방송과 PVR 서비스 회사 간에 PVR에 대한 이해가 이루어져야 할 것으로 보인다. 미국의 경우에서도 방송국과 PVR서비스 간의 갈등이 PVR의 확산에 초기에 걸림돌이 되었었다. 또한 디지털 방송환경의 토대인 통신망의 브로드밴드화도 선결조건 중 하나이다.

그러나 앞으로 국내에서도 위성방송의 활성화와 케이블TV의 디지털화의 확산 그리고 지상파방송의 디지털화가 완성되는 2010년까지 PVR에 대한 수요는 점차적으로 성장할 것으로 예상된다.

Ⅱ. 미디어융합시대 방송광고의 변화

1. 방송광고 환경의 변화

미디어의 대표 주자인 방송은 디지털 미디어시대의 변화의 중심에 있고 다른 미디어와 산업부문의 변화를 주도하게 될 것이다. 이러한 방송 환경의 변화는 방송광고의 변화를 가져오게 된다. 이런 측면에서 방송광고 환경의 변화를 살펴보면 크게는 방송 환경에서도 디지털에 의한 컨버전스와 유비쿼터스 환경이 구현되어 방송의 새로운 패러다임이 전개될 것이다. 디지털 방송시대의 도래에 따른 방송광고환경의 변화를 구체적으로 살펴보면 다음과 같이 7가지 특징으로 정리할 수 있다.

1) 인터렉티브 방송광고 환경 구현

디지털 쌍방향방송은 실시간으로 방송국(또는 광고주)과 시청자(또는 소비자)가 상호작용을 할 수 있게 해준다는 점에서 혁명적인 변화를 주도하고 있다. 시청자들은 방송국에 리모콘 버튼으로 의사표시를 하여 투표 및 여론 조사에도 응할 수 있다. 토크쇼나 퀴즈/게임 프로그램 등에 직접 참여하는 방송도 가능하다. 또한 디지털방송으로 24시간 시청자들에게 상품의 정보제공 및 주문을 받는 상거래(T-commerce) 쇼핑 전용 채널이 가능해진다. 기존의 아날로그 홈쇼핑 채널은 상품마다 방송되는 시간이 정해져 있지만, 디지털방송에서는 24시간 사용자가 언제라도 제품을 TV에서 검색하고 주문할 수 있는 장점을 갖는다. 디지털방송에

서는 홈뱅킹 역시 가능해 진다. 직접 은행에 갈 필요 없이 또한 컴퓨터
를 켤 필요도 없이 24시간 은행계좌로의 접근이 가능하다. 이와 같은 인
터랙티브 방송의 구현은 방송광고의 형태와 기능에도 영향을 미치게 되
고 방송광고에서는 고객과의 상호작용을 통한 고객관계 관리 및 제품판
매 등 기존의 방식 광고에서는 불가능했던 것이 가능케 된다.

2) 다매체 다채널방송 환경

1995년 케이블방송의 출범으로 시작된 방송의 다채널화는 2002년 3월
디지털위성방송의 서비스 개시로 더욱 가속화 되었고 지상파, 케이블의
디지털화와 DMB와 IPTV 등 새로운 방송매체의 등장으로 다매체 다채
널 방송환경이 가속화될 것이다. 특히 디지털방송 도입으로 주파수 대역
을 효율적으로 사용하게 되어 다채널화가 더욱 촉진되고 있다. 디지털방
송에서는 영상, 음성, 데이터 등이 디지털 신호로 변환되고 고압축이 가
능하다. 따라서 아날로그 방식에서 하나의 채널에 하나의 방송내용만을
내보냈던 것과 달리 디지털방송은 기존의 한 채널에 여러 방송내용을
동시에 내보낼 수 있게 된다. 따라서 채널수가 늘어나게 되어 시청자가
선택할 수 있는 채널의 숫자가 급격히 많아지게 된다. 즉 틈새채널 다시
말해서 세분화된 특정 카깃을 주 공략대상으로 삼은 채널과 프로그램들
은 완전히 채널과 프로그램편성의 주류로 등장하게 될 것이다. 이처럼
지속적으로 증가되는 채널들과 프로그램들을 효과적으로 검색해서 볼
수 있는 프로그램 검색채널(EPG: Electronic Program Guide)이 등장하
게 될 것이다. 이러한 방송의 다매체 다채널화는 시청자의 분산을 가져
와 기존 지상파방송 중심의 시청률이 변화되고 방송광고 채널의 확대화
와 함께 광고매체 전략의 변화를 가져올 것이다.

3) 방송 통신 그리고 인터넷의 융합

방송과 통신이 사업자, 네트워크, 서비스, 단말기의 차원에서 융합되고 있다. 케이블방송사가 인터넷 서비스를 제공하고 이동통신 사업자가 DMB 방송사업에 진출하는 그야말로 융합의 시대이다. 또한 방송서비스에 통신서비스가 융합된 데이터방송이 도입되어 데이터, 영상, 음성 서비스 등의 콘텐츠를 TV, PC, PDA, DMB 등 다양한 단말기를 통해 서비스할 수 있게 되었다. 또한 통신사업자들이 IPTV를 통한 방송사업 진출이 가시화되고 있다. 이러한 변화는 방송광고 매체의 확장을 가져오고 더욱 다양한 형태의 방송광고가 가능하게 한다.

4) 개인화 방송(Personal Casting)의 대두

디지털 방송시대의 방송서비스 개념은 개인화 방송 형태인 "점송(Pointcasting)"이다. 포인트 캐스팅이란 쌍방향적인 네트워크를 매개로 방송서비스 제공자와 개별 수용자가 일대일로 대응함으로써 수용자 개개인의 요구가 방송서비스에 즉각적으로 반영되도록 한 개인화 방송이라고 할 수 있다. 이러한 쌍방향적 네트워크 환경에서 방송 제공자는 개인마다 서로 취향이나 관심영역이 다른 다양한 성향의 수용자층을 위하여 방대한 프로그램의 라이브러리 형태로 제공하고, 수용자는 자신이 보고자하는 프로그램을 자신이 원하는 시간대에 언제든지 제공받을 수 있게 된다. 이러한 방송 성격의 변화는 불특정 다수 대상의 방송광고에서, 세분화된 개인 고객을 대상으로 변화를 가져오며, 나아가 광고의 내용과 구조에도 영향을 미치게 된다.

5) 홈서버 기능 도입

디지털 방송에서는 컴퓨터처럼 정보처리 능력과 함께 저장기능을 갖추게 된다. 즉 디지털 TV 셋탑 박스에 대규모 용량의 저장 장치가 내장되어 시청자 개인의 취향에 맞는 방송내용을 자동적으로 녹화해주고 이를 보고 싶을 때 언제라도 시청할 수 있게 하는 PVR(개인 비디오 녹화) 서비스를 가능하게 하는 등의 서버 기능을 갖추게 된다. 이 기능을 이용해 광고를 쉽게 자동으로 뛰어 넘을 수 있으며, 원하는 방송만 볼 수 있으므로 기존형태의 광고와는 다르기 때문에 변화를 가져올 것이다.

6) 방송 송수신 단말기의 다양화

디지털 방송이 활성화되면 방송과 통신 서비스의 융합뿐만 아니라 디지털 미디어 단말기의 융합 및 호환이 활성화되어 방송의 유비커터스가 구현된다. 따라서 디지털방송을 TV뿐만 아니라 PDA, 휴대폰, 가전 패널, DMB 이동용 단말기 등 다양한 디지털 미디어 단말기를 통해 송수신할 수 있게 된다. 이로 인해 누구나 디지털 방송을 볼 수 있게 되는 것이다.

7) 방송서비스의 멀티 콘텐츠화

디지털 방송이 본격화되면 방송서비스는 시청자의 반응에 따라 각기 다른 다양한 멀티 콘텐츠가 서비스 된다. 서비스되는 형태도 동영상뿐만 아니라 영상, 음성, 데이터 등 다양한 포맷으로 서비스되어진다. 이러한 멀티 레이어 및 멀티미디어 콘텐츠 포맷은 방송광고에 적용되어 광고의 유형과 형태가 더욱 다양화 될 것이다.

2. 방송광고업계의 변화

1) 광고주의 변화

미디어 융합시대에는 미디어목표 달성을 위해 광고주는 적절한 매체를 선정하는 것이 그 무엇보다도 중요하게 되었다. 기존의 매체를 통하여 얻지 못한 효과를 새롭게 매체의 활용을 통하여 얻을 수 있다면 광고주는 주저하지 않을 것이다. 그러므로 새롭게 등장하는 매체가 타깃에게 어떤 점이 효과적이겠는지 더욱 적극적으로 파악하려 할 것이다. 다양한 매체의 등장으로 광고주는 매체의 특성을 분석하여 적재적소에 소구 대상에 맞는 매체를 선택하려 할 것이다. 상품과 브랜드의 인지도를 높이기 위해 최적의 미디어믹스(Media Mix)를 산출해내는 일이야말로 광고주들이 고민하고 해결해야만 하는 과제로 등장하게 된다. 이에 따라 광고주는 신규매체가 등장할 때마다 매체의 특성에 최대한 관심을 갖게 된다. 다양한 마케팅과 광고기법을 시도하여 경쟁사보다 우월한 브랜드 포지셔닝을 확보하려 할 것이다. 물론 규모가 큰 대형 광고주일수록 많은 광고비를 투여하여 광고매체에 모든 기법을 동원하여 도달률과 빈도(Reach & Frequency)를 극대화하려고 할 것이다. 그러나 일반적인 광고주는 핵심타깃(core target)에 맞는 매체를 선별하여 비용 대비 효율성을 극대화하고자 한다. 새로운 매체가 시장

에서 적정규모의 가치를 확보할 때 그 매체는 광고매체로서 광고주의
인식에 자리 잡을 것이다.

2) 광고대행사의 변화

최근 광고대행사에서는 미디어 환경 변화뿐만 아니라 광고주에게 최
적의 미디어믹스 안을 내놓는 것이다. 즉 매체예산을 어떻게 효율적으
로 분배할 것인가가 가장 중요한 과제가 된다.

방송광고 판매는 지상파TV 중심에서 기타매체로의 전이가 이루어
질 가능성도 있다. 일차적으로 인터넷, 케이블TV, 영화 광고 등으로
예산이 흐를 수 있고, 나아가 인쇄매체로 전환될 수도 있을 것이다. 그
러나 최근의 경향을 보면, 고비용 매체인 TV, 신문의 광고비는 줄어드
는 반면, 케이블TV, 온라인 등 저비용 매체의 광고비는 보합세 내지는
감소 폭이 적었다. 이것은 도달률보다는 광고노출 횟수라도 유지해 보
려는 전략인 것이다.

3) 광고 제작사의 변화

(1) 제작 환경이 변화할 것이다.

고화질과 다채널 그리고 인터랙티브로 요약되는 디지털 TV 시대의
특징 가운데 가장 두드러진 것은 현행 TV방식의 2배에 달하는 고해상
도 화면과 영화관을 연상케 하는 와이드 스크린 화면 비율이다. 그리
고 디스플레이 제조 기술의 발달로 대형 디지털 수상기가 일반화되고
있다. 또한 인터랙티브TV가 시청자에게 보편화되면 그만큼 신청자의

클릭과 더 많은 제품정보를 얻기 위한 소비자의 동기를 유발하기 위해 더욱더 강력한 광고를 만들어야 하며 그러기 위해 제작의 환경 또한 변화할 것이다.

– 제작비의 증가

디지털 위성방송시대의 광고는 고화질 인터랙티브로 요약된다. 선명한 고화질로 상품을 충분한 조명과 정교한 세트, 완벽한 메이크업과 의상, 소품 등 CM의 완성도를 높이기 위해서 더 고가의 장비와 인력을 동원해야 할 것이며 보다 발전된 특수촬영 장비를 투입해야 할 것이다. 또한 인터랙티브의 발달로 쌍방향광고가 되면서 소비자들이 쌍방향광고의 텍스트를 클릭하고 들어와야 하므로 그만큼 광고의 주목도를 높여야 한다. 그러기 위해 당연히 광고의 제작비 또한 높아질 것이다.

– 인력의 고급화와 증가

철저하게 창조적이며, 효율적인 카피라이터, 프로듀서, 감독, 카메라맨, 편집기사, 연기자 등을 확보하는 것이 더욱 중요해 질 것이다.

– 1인 프로덕션과 저비용 CM의 출현

지금의 디지털 6mm 캠코더와 같은 값싼 장비를 이용해 촬영한 뒤 PC 수준의 편집 장비로 포스트 작업을 마친 저비용 CM이 가능해 진다. 메시지의 특성상 잘 다듬어진 영상미에 의한 이미지보다 단순한 정보의 전달이 더 중요한 경우라든가 아니면 극히 적은 비용으로 제한된 소수의 타깃을 노리는 국지 마케팅 또는 웹에서만 사용될 동영상 제작 등에 저비용 CM이 활용될 수 있을 것이다. 이런 종류의 CM이 늘어나게 되는 배경은 디지털 장비의 보편화로 인한 촬영 장비의 가격 하락과 저가의 편집 소프트웨어의 보급으로 데스크톱 컴퓨터 수준에서도 1인 프로덕션이 가능해진다.

(2) 매체기획의 중요성이 강조될 것이다.

효과적인 제작물도 중요하지만 무엇보다도 효과적인 매체의 선정이 필수적이다. 따라서 매체의 기획이 보다 강조될 것이다.

(3) 효과측정이 더욱 중요하게 될 것이다.

다 채널 시대의 경쟁 속에서도 수익을 매여 운영되는 전문채널에는 타 매체보다 높은 채널 충성도이다. 채널의 세분화가 극에 달하면 이 것은 곧 프로그램 충성도라고 볼 수도 있는데 동일한 취향 계층으로 형성된 시청자 군이 그 채널에 존재한다는 뜻이다. 이들은 지역이나 나이, 성별 등으로 구분되는 타깃과 달리 어떠한 라이프스타일을 갖고 있으며 어떤 행동양식이나 어떤 구매패턴을 가진 사람들이라고 비교적 구체적으로 예측할 수 있는 소구대상이라는 점에서 매체 담당자들에게 매력적인 존재다. 더욱이 이 시기에는 인터랙티브 기능을 활용해 광고 효과도 쉽게 파악할 수 있을 것이다.

3. 방송광고 특성과 유형의 변화

1) 방송광고 특성의 변화

(1) 소비자 중심

미디어 융합시대의 방송광고가 가지는 기존 광고와의 가장 큰 차이점은 소비자가 중심이 된다는 점이다. 미디어 융합시대 방송의 핵심 특성인 쌍방향성과 다양성이 방송광고 환경에도 적용됨으로써 소비자가 목적에 따라 광고를 선택하고 참여할 수 있는 소비자 중심의 방송광고가 가능해진 것이다.

디지털방송은 인터랙티브(상호작용), 다채널 그리고 홈서버 등 특화된 기능이 강화되고 있다. 이에 따라 시청자는 소극적이고 수동적인 수용자에서 점차 원하는 콘텐츠와 정보를 직접 선택하는 능동적인 사용자로 변화되고 있다. 즉 엄청나게 늘어나는 다채널시대에 홍수처럼 쏟아지는 수많은 콘텐츠 중에서 시청자는 자신이 원하는 콘텐츠를 상호작용과 홈서버 기능을 이용하여 필요할 때 언제라도 보며 반응하게 된다. 이러한 특성은 디지털방송의 광고에도 접목되어 시청자가 원할 때 언제라도 제공될 수 있고 시청자에게 선택될 수 있는 광고를 제공할 수 있어야 한다.

더욱이 디지털방송의 PVR(Personal Video Record)기능과 Tivo 서비스 등에 의해 시청자가 원하면 쉽게 광고를 건너뛰고 광고를 보지 않을 수 있게 되기 때문에 시청자가 스스로 광고를 찾아서 선택하게 하는 시청자에게 선택되는 광고를 개발하지 않으면 광고산업에 큰 타격이 예상된다.

기존의 방송광고는 시간적 제약으로 시청자가 원하는 충분한 정보를 제공할 수 없었다. 그러나 디지털방송에서는 1차 화면을 통해 시청자가 선택한 2차 화면부터는 TV인터넷사이트와 데이터 방송으로 연결되어 시간 제약 없이 콘텐츠를 제공할 수 있게 된다. 이를 통해 디지털 방송광고는 기존의 브랜드인지도와 이미지 광고위주의 기능뿐 아니라 시청자가 원하는 정보를 무한히 제공할 수 있는 기능을 하게 되며 더 나아가 방송광고를 통해서 직접 판매를 유도하는 마케팅 수단으로서의 기능까지 하게 된다. 즉 기업 입장에서 용도를 정하는 것이 아니라 시청자가 원하는 용도에 맞춰 브랜드 이미지, 브랜드 인지도, 시청자 조사, 이벤트 참가 유도, 판촉행사 참여 유도, 구매 등 다양한 목적에 따라 그 용도를 제공할 수 있게 되는 것이다.

(2) 상호작용성

기존의 방송광고는 정해진 방송광고시간대에만 위치하도록 한정되어 있었다. 그러나 디지털방송에서는 보다 다양한 위치와 경로를 통해서 시청자에게 접근이 가능하다. 특히 디지털방송의 다채널과 홈서버 기능 강화로 인해 시청자는 특정 광고시간대를 가리지 않고 자신이 필요할 때 언제라도 원하는 정보를 얻기 위해 광고를 접속할 수 있기를 원한다. 또한 디지털 방송의 인터랙티브(상호작용)특징으로 인해 시청자가 광고에 어떤 반응을 보였을 때 즉각적인 반응을 제공하는 광고가 제공되어야 한다.

더구나 디지털미디어에 의해 유비쿼터스가 구현되고 시청자의 다양한 디지털 단말기로 방송광고가 서비스될 것이기 때문에 어떤 단말기를 통한 시청자의 반응에도 이에 부응할 수 있도록 광고가 제공되어야 한다.

(3) 고객 맞춤형

기존방송 매체는 불특정 다수를 대상으로 넓은 지역에 있는 다양한 연령층을 동시에 광고 대상으로 삼았다. 따라서 전달된 광고가 특정 타겟에게는 별로 의미가 없는 경우가 많았다. 또한 이러한 광고 집행은 일방향이었기 때문에 시청자 개인의 욕구를 파악하기도 불가능하고 더욱이 개인의 욕구에 맞는 정보를 제공하기도 어려웠다. 그러나 방송과 통신이 융합된 디지털 방송의 등장은 pointcosting(접송)으로서 상대적으로 세분화와 개인화가 가능하고 특정 고객의 특성에 근거한 광고를 가능하게 하고 있다. 따라서 종국에는 시청자 개개인의 성향을 데이터베이스화하여 1:1 마케팅이 가능하게 되어 마치 인터넷에서처럼 방송광고에 노출되는 대상을 사전에 파악하여 그 개인의 인구사회학적 특성에 따라 광고를 제공하는 맞춤광고가 가능하게 되고 그 수요가 늘어날 것이다. 초기에는 다양한 광고들을 준비하여 놓고 시청자가 자신이 원하는 광고를 선택하게 하는 맞춤 광고가 실행될 것이다.

(4) 광고 마케팅

기존의 방송광고는 제품이나 브랜드의 이미지 전달을 통해 판매를 촉진시키는 것이 목적이었다면 미디어 융합시대의 방송광고는 광고를 보는 즉시 광고를 통해서 구매를 하도록 유도하는 데 있다. 즉 광고의 1차 화면을 시청하다가 소비자가 2차 화면을 선택하여 제품에 대한 정보를 즉시 얻고 구매 의사에 따라 즉각적인 구매 발생이 가능하기 때문에 광고의 역할이 마케팅의 수단에 그치는 것이 아니라 광고 자체가 실질적인 마케팅의 역할을 하는 것이 가능해진다. 또한 광고를 통해 제품과 관련한 실시간 설문조사를 통하여 고객의 소리를 즉각적으로 듣고 이에 대응하여 반응하게 되기 때문에 보다 더 마케팅에 필수적인 역할을 하게 될 것이다. 이는 정해진 광고시간에 방영되는 광고형태뿐만 아니라 다양한 방송광고 형태를 통해서 즉각적인 구매가 이루어질 수 있기 때문에 미디어 융합시대의 방송광고는 방송광고 마케팅으로서 중요한 역할을 하게 될 것이다.

2) 방송광고 유형의 변화

디지털방송에서는 기존방송광고보다 훨씬 다양한 유형의 광고가 가능해진다. 또한 광고 유형의 분류도 관점에 따라 다양하다. 예를 들면 이시훈(2001)은 인터랙티브 TV 광고의 유형을 분류할 수 있는 여섯 가지 기준들을 통해서 총 16개 광고유형을 제안하고 있다. 그 기준은 첫째, 주파수 할당으로 별도의 주파수 할당 없이 기존에 할당된 A/V 주파수의 여유 공간을 활용하는 부가서비스(연동형)로 분류하였다. 둘째, 노출선택권의 부여여부에 따라 시청자가 노출을 선택할 수 있는 선택노출형과 그렇지 않은 광고는 강제노출형으로 구분하였다. 셋째, 인터랙티브 TV 광고가 나타나는 표출형태에 따라서 클릭형, 배너광고형, 전체화면형, 동영상광고형으로 분류하였다. 넷째, 인터랙티브 TV 광고가 나타나는 표출위치에 따라서 데이터형, 프로그램형, 광고형으로 분류하였고, 다섯째, T-Commerce와 연동되는 인터랙티브 TV 광고는 판매형태에 따라서 쇼핑몰형, 정보제공형, 주문대행형으로 분류하고 있다. 마지막으로 타겟 세분화가 가능한 인터랙티브 TV광고는 특정 타겟에게만 노출되는 일대일광고, 시청자의 시청습관을 학습하여 광고메시지를 노출시키는 인공지능형 광고로 그 유형의 분류를 제안하였다.

또한 버노프(Burnoff, 2000)는 디지털방송광고의 위치에 따라 기존 시간대에 들어가는 기존형태광고와 광고를 클릭하면 더욱 자세한 정보를 얻을 수 있는 클릭광고 그리고 방송 프로그램 내에 내재하는 프로그램광고 그리고 별도의 데이터채널에 등장하는 월드가든 광고로 구분하고 있다.

위와 같은 분류 중에서 여기서는 형태와 용도를 기준으로 미디어 융합시대의 방송광고 유형을 인터랙티브 광고, 미디어융합 광고, 감성정보 광고, 체험유도 광고, 콘텐츠 광고, 콘텍스트 광고, 판매형 광고, 맞춤형 광고 등 8가지 유형으로 분류해 보았다.

(1) 인터랙티브 광고

미디어 융합시대의 방송광고의 특징인 상호작용성은 광고를 통해 즉
시 구매까지 가능한 환경을 가능하게 하기 때문에 마케팅의 핵심적인
역할을 하게 된다. 또한 미디어 융합시대의 방송광고의 상호작용성은
새로운 방송광고 유형을 탄생시킨다. 예를 들어, 상호작용성을 활용한
게임 광고나 퀴즈 형태의 광고가 가능할 수 있다. 이는 브랜드를 위한
게임이나 퀴즈를 만들어 소비자가 재미를 추구하기 위해 게임에 참여
하기 때문에 다양한 브랜드 노출과 광고가 그 속에서 가능하다. 즉, 광
고의 재핑이 손쉬운 미디어 융합시대의 방송광고 환경에서 상호작용
광고는 소비자의 관심과 참여를 유도하는 데 보다 효과적일 수 있다.

〈CIC(CM in CM)형태의 콘테스트와 게임
참여를 유도하는 인터랙티브 광고〉

(2) 미디어융합 광고

미디어 융합시대의 방송광고는 한 가지 미디어만을 활용하여 광고를
하는 것이 아니라, 모바일, 텔레매틱스 등을 활용하여 동시에 각 미디

어에 적합한 광고의 형태로 접근할 수 있다. 또한 제품에 대한 소비자
의 관심이 한 미디어에서의 즉시 다른 미디어로 이어져 지속될 수 있
도록 하는 것이 가능하다. 예를 들어, TV를 통해 광고를 보다가 삽입
된 광고음악을 TV 화면과 모바일의 접촉을 통해 모바일로 다운로드하
여 집 밖에서도 광고음악을 즐기거나, TV에서의 프로그램 시청 중 퀴
즈 정답을 맞추어 모바일로 관련제품의 쿠폰을 받는 형태의 연계 미디
어 광고가 가능하다.

(3) 감성정보 광고

미디어 융합시대의 광고는 무엇보다 클릭하고 싶고 참여하고 싶은
소비자의 호기심을 유발시키는 것이 매우 중요하다. 감성정보 광고는
강력한 호기심을 유발시키면서 제품에 대한 정보가 궁금해서 클릭하도
록 유도하는 광고형태로서 즉각적인 소비자의 반응으로 이어지기 위한
광고에 있어서의 크리에이티브 표현력이 더욱 강화되어야 할 것이다.

(4) 체험유도 광고

미디어 융합시대의 광고는 소비자가 참여할 수 있는 환경에서 구현
되므로 소비자에게 제품 및 브랜드에 대한 간접체험을 유도하는 광고
메시지를 아이콘, 자막 또는 퀴즈의 형태 등으로 접근하여 전달할 수
있다. 예를 들어, 프로그램을 시청하다가 어떤 가수가 등장하였을 때
그 가수의 앨범을 들을 수 있는 광고메시지를 등장시켜 음악을 들어볼
수 있도록 유도할 수 있다. 체험유도 광고는 이처럼 제품의 성능 및
정보에 대한 궁금증을 확대시키는 메시지와 함께 월드가든과 연동되어
브랜드의 가상공간을 체험하게 하거나 성능 및 디자인에 대한 체험의

리얼리티를 증가시킬 수 있는 게임 등을 활용하여 실제 제품을 체험하는 듯한 기분을 느낄 수 있도록 한다면 더욱 효과적일 것이다.

〈브랜드 전용 사이트 DAL(Dedicated
Advertiser's Location)〉

(5) 콘텐츠 광고

미디어 융합시대의 광고는 광고로서의 역할뿐만 아니라 소비자에게 광고 자체가매력의 대상이 되는 것이 중요하다. 즉 광고가 콘텐츠화 되어 소비자가 자연스럽게 참여하고 싶은 욕구를 불러일으키도록 해야 한다. 예를 들면 BMW의 광고 영화 시리즈는 실제 영화를 보고 있다는 착각이 들게끔 하면서 시나리오 기획의 단계에서부터 의도된 BMW의 수많은 등장에도 불구하고 거부감 없이 차의 성능과 디자인에 대해 호감을 가지도록 구성하여 BMW 브랜드의 강인한 이미지를 자연스럽게 소비자에게 인식되도록 하였다. 한편 국내의 삼성 애니콜은 애니모션과 애니클럽과 같은 뮤직비디오 광고를 등장시켜 화제를 모았다. 이처럼 광고가 브랜드가 가지는 이미지와 소비자의 코드에 맞는 콘텐츠로 발전할 수 있을 것이다.

또한 콘텐츠와 가장 적합한 광고가 등장하는 형태로 콘텐츠 광고를 발전시킬 수도 있다. 예를 들면, 게임 콘텐츠를 하면서 게임의 소재와 연관된 제품의 광고를 노출시키는 콘텐츠 광고의 형태도 가능하다. 콘텐츠 광고는 기존 광고보다 더욱 참신한 기획력과 표현력이 요구되어진다.

(6) 콘텍스트 광고

콘텍스트 광고는 소비자가 현재 시청하고 있는 프로그램에서 또는 광고에서 가장 그 순간 적합한 메시지로 접근하는 형태의 광고이다. 예를 들면, 드라마에서 라면을 먹는 장면이 등장할 때 라면광고 메시지를, 옷을 고르는 장면이 나올 때엔 패션 광고 메시지를 전달하는 광고의 형태로 프로그램 및 광고와 가장 연관된 소재를 활용하여 접근함으로써 즉각적인 소비자의 반응을 이끌 수 있으나, 프로그램을 시청할 때에 방해가 되지 않되 더욱 자연스럽게 접근할 수 있는 형식을 개발하고 유용한 정보를 함께 제공하는 형태로 발전한다면 더욱 효과적일 것이다.

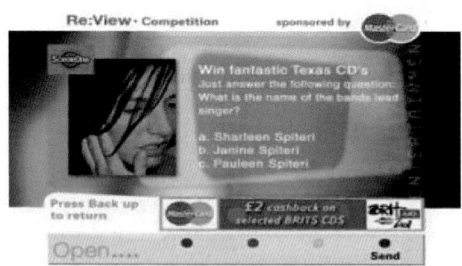

〈프로그램 콘텐츠와 제품의 연계성 유도
쌍방향광고〉

(7) 판매형 광고

광고는 더 이상 마케팅의 수단에 그치는 것이 아니라 광고 자체에서 마케팅이 실현되는 환경이 가능하다. 그러므로 광고는 브랜드의 이미지를 제고와 제품의 정보전달의 역할에서 구매까지 가능한 형태로 발전하게 될 것이다. 기존의 광고와 달리 미디어 융합시대의 판매형 광고는 광고 또는 프로그램에서 즉각적인 구매행동을 유도하는 메시지를 전달할 수 있고 소비자의 참여가 있을 시 즉시 구매가 이루어질 수 있기 때문에 구매행동에 요구되어 질 수 있는 소비자를 위한 다양한 구매정보가 준비되어야 할 것이다.

(8) 맞춤형 광고

미디어 융합시대의 광고는 세분화된 타겟의 인구사회학적인 특성에 따른 정보를 데이터베이스화여 개인의 특성 및 기호에 맞게 접근하는 것이 가능하다. 예를 들어 프로그램을 보다가 화장품이 등장하는 장면에서 광고메시지를 노출시킬 때 방송을 이용하고 있는 그 가구의 여성이 20대라면 그 정보를 활용하여 20대 여성을 위한 광고를, 30대라면 30대 여성을 위한 기능성 화장품 광고를 등장시키는 타겟 맞춤형 광고가 가능하게 될 것이다. 또는 화장품이 등장한 화면에서 아이콘을 클릭하여 2차 화면에서 자신의 연령 및 피부 타입을 선택할 수 있도록 하고 준비된 소비자의 기호에 해당하는 제품의 맞춤광고도 실행될 수 있을 것이다.

 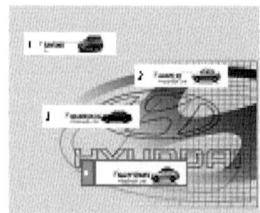 

〈타깃선택형 쌍방향광고〉

4. 방송광고 프로세스의 변화

디지털방송의 방송광고에서 시청자와 광고주는 여러 단계의 광고화면을 거치면서 그 화면의 광고 아이콘이나 배너를 클릭하면 다음 광고화면으로 옮겨가며 만나게 된다.

이러한 디지털 방송광고는 기획에서부터 제작, 유통 효과측정 및 매체계획까지 전 방송광고 프로세스부문에서 기존방송광고와는 전혀 다른 Know-how와 공정이 요구된다.

(1) 광고기획 과정

디지털방송광고기획에서 우선적으로 고려해야 할 것은 최적의 소비자들에게 최적의 광고를 제공할 수 있도록 해야 한다는 것과 목표 시청자의 관심과 주목을 받아 선택될 수 있는 차별화된 광고를 기획해야 한다는 것이다.

디지털 방송광고의 기획과정을 살펴보면 우선 소비자 프로파일을 구체적으로 작성하여 그룹핑해야 한다. 이러한 소그룹 분류는 광고주가 처한 상황이나 입장에 따라 달라질 수 있으며 관련정보를 언제라도 써 먹을 수 있도록 수시로 업데이트 되어야만 의미가 있으므로 지속적인 소비자 프로파일 관리가 필요하다. 이렇게 소비자 프로파일에 따라 전체 타깃이 복수의 소그룹으로 나눠지면 각 그룹에 맞는 디지털방송광고를 만든다. 소비자 입장에서는 전통적인 커머셜을 통해 접하는 것은 똑같지만 막상 쌍방향관문을 뚫고 들어오면 자신이 속한 그룹별로 다른 메시지를 받게 된다. 소비자 프로파일 분석을 통해 해당 제품을 선호하는 여러 개의 소비자 소그룹이 분류되고 마찬가지로 각기 차별화된 컨셉을 지닌 여러 개의 디지털 TV광고가 만들어지고 나면, 양쪽이 하나씩 모여 짝을 이루게 된다. 그리고 각 쌍에 알맞은 인센티브를 쌍방향 인터페이스로 구성한다. 인센티브는 시청자 브랜드와 제품의 성격에 따라 다양하게 제안될 수 있다.

(2) 광고제작 과정

디지털방송에서는 방송광고 유형별로 광고제작 과정이 다르다. 여기서 디지털 방송에서의 특화된 광고형태인 프로그램연동방송광고(CIP: CM in Program)의 제작과정을 살펴보면 다음과 같다.

우선 방송국은 충분한 여유기간을 두고 사전에 쌍방향 부가정보 서비스가 링크 될 프로그램의 메뉴를 공지한다. 그럼 PP 또는 채널 사업자들은 광고회사와 광고주에게 프로그램 개편 시마다 쌍방향광고 프로모션을 위한 선제안을 내놓게 될 것이고 광고회사는 해당 프로그램의 내용과 연관성이 있을만한 광고주들을 물색하여 참여를 제의한다.

디지털쌍방향 방송서비스에 참여할 광고주들이 확정되면 광고회사는 광고주와 해당 프로그램의 공통분모를 찾아 그에 맞는 디지털방송광고와 T-Commerce 및 광고관련 콘텐츠를 기획한다. 최종 제작된 디지털

방송광고는 기존 광고 또는 프로그램, 데이터 채널 등과 링크되어 각 플랫폼별로 방영된다.

한편 디지털방송환경에서의 광고제작은 형태 면에서 기존과 다른 점이 있는데 첫째 디지털방송을 수신할 디지털 TV화면이 종래의 4:3에서 16:9로 비율로 바뀌므로 광고제작 시 기존과는 다른 앵글과 촬영감각이 요구된다. 또한 두 번째 디지털방송은 화질과 음질에서 기존방송보다 훨씬 뛰어난 서비스를 제공하게 되므로 고화질과 고음질의 방송환경에 적합한 방송광고를 제작할 수 있는 제작 기술과 Konw-how를 갖추어야 할 것이다.

(3) 광고유통 과정

기획 제작된 디지털방송광고는 광고청약, 광고노출, 광고수신의 과정을 거치면서 유통된다. 디지털방송광고의 유통단계별 특성을 살펴보면 다음과 같다.

① 광고 청약

기존 광고방식과 비교해 볼 때 디지털방송광고 청약과정에서 일어나는 가장 큰 변화는 다양한 요금 체계의 등장이다. 현재의 방송광고 요금 체계는 광고노출을 기본근거로 삼고 거기에 방송 시급과 지역, 광고시간 등 몇 가지 요소를 조합하여 광고 요금을 미리 산정하고 이에 따라 광고시간을 판매하는 이른바 「노출기준 고정 광고 요금」제도이다. 그러나 디지털방송광고는 기존 아날로그 방송광고와는 달리 단순히 일정 시간동안의 노출에 그치는 것이 아니라 시청자의 의지에 따라 수초에서 때로는 수분에 이르기까지 그 광고 화면에 머무를 수 있기 때문에 해당 방송광고에는 절대적으로 유리하나, 반대로 그 다음에 나올 광고에는 치명적인 영향을 미친다.

그러므로 디지털방송광고에서는 단순히 A/V광고 화면의 시간을 기준으로 해서는 광고 요금을 책정하기가 힘들다. 대신 A/V광고 요금제도 이외에 쌍방향광고의 데이터 양의 정도나 게임, 광고 등 쌍방향광고의 서로 다른 유형을 반영한 새로운 광고 요금 책정이 필요로 한다.

이에 대한 대안의 하나로 단순한 노출 기준의 요금제도 이외에 결과를 중심으로 한 요금제도가 등장할 것으로 보인다. 이는 디지털방송에서는 리턴 기능을 기반으로 한 광고 요금 책정이 가능하기 때문이다. 효과중심의 광고 요금책정으로는 클릭당 요금: CPC(Cost Per Click), 요청당 요금: CPR(Cost Per Request), 참여당 요금: CPL(Cost Per Leads), 판매당 요금: CPS(Cost Per Sales) 등이 가능할 것이다.

② 광고 전송

디지털방송광고 전송단계에서 일어나는 가장 큰 변화는 다양한 전송방식의 등장이다. 기존 아날로그방송의 광고 전송 방식을 살펴보면, 먼저 방송사는 일단 KOBACO와 같은 광고 미디어렙으로부터 비디오테이프 또는 디지-베타형태의 광고 소재를 넘겨받는다. 다음으로 광고 편성표에 맞춰 광고를 편집하고 송신소나 케이블 등의 방송 시스템을 통해 정해진 시간에 따라 프로그램과 더불어 광고를 전송하게 된다.

아날로그 시대의 광고방송은 방송전파를 통해 전송되는 것이 유일한 방법이었던 반면에 디지털방송시대의 방송광고는 광고유형별로 다양한 광고 전송 방식을 갖고 있다. 기존방송 방식과 유사한 방송 전파 노출형 광고와 기존방송 방식에서는 전혀 볼 수 없었던 통신 및 리턴채널을 이용하여 전송하는 저장형 광고, 실시간 맞춤형 광고, 혼합형 광고 등 광고유형에 따라 광고전송방식이 달라진다. 이에 따라 광고회사에서는 광고유형별 광고전송방식에 대한 이해와 준비가 필요하게 된다.

③ 광고 수신

수신 단계에서의 변화는 가장 먼저 방송을 수신하는 장비의 변화에서부터 시작된다. 기존 아날로그 방송의 경우 시청자들은 TV프로그램이나 광고를 보기 위해서는 TV수상기만 갖추면 되었다. 그러나 디지털방송에 있어서는 셋탑박스, PVR기, 통신선 연결 등 훨씬 다양한 장비가 있어야만 제대로 된 디지털방송을 시청할 수 있다.

광고 수신단계에서 일어나는 또 다른 변화는 바로 탈TV 현상이다. 탈TV 현상이란 방송 프로그램 및 방송광고를 단순히 TV화면뿐 아니라 이동 전화 및 PDA, 이동수신 차량, 가전 등 다양한 디지털단말기에서도 시청할 수 있는 것을 말한다. 특히 DMB가 활성화되면 다양한 DMB단말기를 통해 디지털방송광고가 제공될 것이다.

따라서 디지털방송광고의 기획 제작 시에 목표 시청자 특성에 따라 다양한 수신기에 대한 이해와 고려가 필요하다.

④ 광고 매체계획 과정

기존방송광고에서의 매체부문의 주 역할은 방송광고공사를 통한 광고시간의 판매와 구매에 집중되었다. 그러나 다채널과 다양한 형태의 방송광고가 등장하는 디지털방송시대의 매체계획은 이러한 기존 틀에서 완전히 벗어나야 할 것이다. 광고가 시청자에게 선택되기 위해서는 시청자 특성에 근거한 매체계획이 필수적이고 단순한 도달률과 빈도보다는 시청자의 반응에 근거한 과학적인 매체플래닝 기법이 중요하게 될 것이다. 홍수같이 쏟아지는 다양한 방송콘텐츠시대에 시청자가 광고주의 광고를 선택하게 하기 위해서는 최적의 시청자에게 시청자가 필요로 하는 광고를 제공할 수 있는 매체계획의 역할이 더욱 중요 시 될 것이다.

⑤ 광고효과 측정 과정

디지털방송에서의 광고효과 측정에서 가장 큰 변화는 새로운 형태의 광고효과가 측정되고 중요하게 된다는 것이다.

기존의 방송광고 효과로 제시될 수 있는 자료는 매우 단편적인 수준의 시청률 자료에 머물렀다. 그러나 디지털방송이 되면 리턴 기능을 기반으로 디지털방송을 보는 모든 가구를 대상으로 한 모집단 조사와 광고 효과 분석의 전수 조사가 가능하다. 또한 디지털방송시대의 광고효과 측정은 광고시청률뿐 만 아니라 광고가 얼마나 선택되고 광고를 통해 제품 구매에 어떤 영향을 미쳤는지를 시청자 특성, 매체와 프로그램 특성 그리고 제품과 광고유형의 관계에서 조명할 수 있어 보다 정확하고 구체적인 광고효과 측정이 가능하다.

5. 방송광고 효과의 변화

요금 체계	기 준	요금 수준
노출 기준형 (Impression-based)	시청률, 도달률, 빈도 등	* 일반광고의 10-20% 할증 * 시장 초기는 할증 적용 곤란
클릭 기준형 (Click-based)	시청자의 리모컨 반응	* 노출 기준형 단가/평균 클릭수 * 별도 지급 시 클릭당 100원 내외
결과 기준형 (Outcome-based)	CPR (Cost Per Request)	* 노출 기준형 단가/평균 요청수 * 별도 지급 시 요청당 100-300원
	CPL (Cost Per Leader)	* 노출 기준형 단가/평균 요청수 * 별도 지급 시 가입당 300-1,000원
	CPS (Cost Per Sales)	* 판매액의 5% 내외 (제품에 따라 차별화)

〈자료원: 이시훈, 김세철(2001) 광고연구 52호〉

디지털방송은 일반적으로 방송 프로그램을 전송하는 방송망과 시청자의 반응을 주고받는 리턴 채널로 이루어져 있다. 이 중 리턴 채널을 활용해서 시청자의 반응 및 프로그램 참여 등이 이루어지며 이를 통해 다양한 형태의 광고 효과 분석 또한 가능해진다.

또한 디지털방송에서의 인터랙티브 TV광고는 다층 구조를 가지고 있어 이를 토대로 각기 다른 효과측정 방법이 적용될 수 있다.

첫째 단계는 노출단계로 일반적인 광고와 같이 시청자의 주목을 획득하는 단계이다. 이 단계에서는 전통적인 광고효과 측정방법과 새로운 효과 측정방법이 적용된다. 즉, 광고노출이나 시청 혹은 인지 등의 효과는 광고시청률 자료를 근간으로 측정되거나, 인지도 조사와 같은 방법으로 측정이 가능하다. 일반적으로 TV시청률을 토대로 한 노출이 아니라 30초 스팟 광고의 시청률이나 독립형 인터랙티브 서비스에 방문한 사람(배너광고 노출의 경우)의 수를 의미한다.

둘째 단계인 정보를 제공하는 단계로 실제 광고에 관심을 나타내는 사람이 얼마인지를 광고클릭률로서 알 수 있는 광고효과지표이다. 광고 클릭률은 시청자가 광고 화면을 보다가 광고에 대해 자세한 정보나 추가적인 내용을 보고자 할 경우 TV리모컨이나 키보드를 클릭함으로써 일어나는 반응을 측정한 광고효과지표로서, 시청자의 광고에 대한 관심도나 제품에 대한 관심도를 측정할 때 사용할 수 있는 지표이다.

셋째 단계인 광고참여단계는 시청자가 적극적인 참여로 반응을 보이는 광고효과지표이다. 이 단계에서는 노출을 기준으로 리모컨을 클릭하여 추가적인 인터랙티브 광고정보를 받아본 시청자 수를 측정할 수 있고 그중에서도 할인 쿠폰이나 제품 소개서의 요구, 퀴즈응모, 이벤트나 설문조사 참여와 같은 시청자의 적극적이고 능동적인 참여를 근간으로 측정된다. 이러한 형태의 광고효과지표는 단순한 광고 클릭률에 비해 훨씬 더 적극적인 시청자의 반응을 요구하는 것으로 실제 광고 구매 의향률 또는 그와 동일한 수준의 지표로 사용된다. 여기서부터는 리턴 채널의 필요성이 절실히 대두되게 된다.

마지막으로, 판매나 구매와 같은 행동은 높은 수준의 시청자 행동지표로서 제공된 정보를 보고 구매를 결심하고 주문을 한 시청자의 비율인 광고 구매율로 측정할 수 있다. 이러한 형태의 광고 효과 분석은 주로 직접 구매를 유도하는 T-Commerce형 광고에서 많이 이루어진다. 광고 구매율은 개인차원, 시청 가구 차원에서 각각 분석이 가능하기 때문에 구매자의 특성, 반복구매 여부, 제공가격에 대한 민감도 등 다양하고 입체적인 실구매자의 분석이 가능하다.

이외에도 부가적으로 보다 다양한 광고의 효과 분석이 가능하다. 예를 들면 프로그램과 광고와의 관련성은 얼마나 있는지, 또는 어떠한 유형의 광고와 제품이 서로 관련이 있는지 등의 추가적인 분석이 가능하며, 이러한 자료는 앞으로 새로운 광고를 기획하기 위한 기반자료로서 충분히 구실할 것으로 보인다.

Ⅲ. 미디어융합시대 방송광고의 시장전망

1. 쌍방향광고 전망

미디어융합시대에는 미디어의 디지털화가 더욱 가속화되고 미디어 간의 연결을 통한 상호 커뮤니케이션과 조절이 가능해진다. 인터넷, 디지털방송, DMB, 모바일 등 디지털미디어가 더욱 활성화되고 이들을 통한 광고활동도 활발해질 것이다.

1) 쌍방향광고의 개념과 종류

쌍방향광고는 소비자가 광고시청 중 광고물에 대한 평가, 브로슈어, 카탈로그 등 추가정보를 요청하고, 상품견본, 할인권 등 프로모션 활동에의 참여하며 직접적인 상품의 구매 등을 TV 리모콘을 통해 할 수 있게 하는 새로운 광고기법이다. 즉, 전통적인 광고처럼 수동적으로 노출되는 것이 아니라 시청자가 능동적으로 광고정보의 탐색여부를 통제할 수 있는 형태를 의미한다. 또한 쌍방향광고의 노출형태는 일반광고 내 삽입(CIC), 프로그램 내 삽입(CIP), 데이터방송 내 삽입, EPG 내의 배너 등으로 다양하게 나타날 수 있다.

2) 쌍방향광고의 전망

현재 국내의 쌍방향광고는 2004년 하반기부터 skylife를 시작으로 인터랙티브 TV광고가 선보이고 있으나 아직은 초보 단계의 광고형태이다. 그러나 쌍방향광고는 디지털 방송, 특히 쌍방향 TV의 가장 대표적인 수익모델로 일컬어지고 있는 만큼 향후 디지털지상파 방송과 디지털케이블 방송이 본격화되어 다양한 형태의 쌍방향광고 제작물과 사업자 간의 다양한 관계형성이 이루어지고 이에 따라 다양한 형태의 사업모델이 등장하면 쌍방향 광고시장은 크게 확대될 것으로 전망된다. 이러한 쌍방향광고는 다음과 같은 요인들에 의해 지속 성장할 것이다.

2. T-Commerce

1) T-Commerce 개념과 종류

T-Commerce는 소비자에게 상품과 서비스를 알리고 사도록 설득하고 파는 마케팅 활동을 인터넷과 결합된 TV 매체로 수행하는 것이다. 단말기가 TV로, 이용자가 TV를 통해 컨텐츠를 수신하고 TV 부가접속 수단을 통해 정보를 송수신하는 양방향 서비스를 이용하여 직접 상거래를 하는 것을 의미한다. 즉, 양방향 서비스가 가능한 디지털 TV를 통한 전자 상거래이다.

T-commerce는 크게 '연동형 서비스'(Enhanced Sercvice)와 '독립형 서비스'(Virtual Service)로 구분된다. 연동형 서비스는 방송채널(PP)이 공급하는 방송 프로그램 안에 부가적인 데이터로 상품정보를 제공

함으로써 가입자가 방송 프로그램 시청 중 상품을 구매하고 결제하도록 한 서비스이다. 연동형 서비스는 드라마를 시청하거나 배너광고를 보다가 출연자 의상이나 소품, 주제음악 등을 즉시 구매할 수 있게 된다. 또한 스포츠 경기를 보면서 우승팀과 경기 결과를 알아 맞추는 퀴즈 이벤트 제공하여 시청자의 흥미를 유발시킬 수 있게 된다.

독립형 서비스는 방송영상신호와 문자와 그래픽으로만 이루어진 서비스를 말한다. 독립적인 TV 쇼핑몰에 상품정보를 제공함으로써 시청자가 리모콘으로 상품을 구매하고 결제하는 서비스이다. 대표적인 예로는 다른 프로그램과는 직접 관련이 없는 정보 즉, 뉴스, 날씨, 주식, 여행 시간표, 환율 등이 있다.

기술적 요인	DTV, STB, M/W와 어플리케이션 등의 기술 진보
소비자 요인	인터랙티브 경험, 즉각적 정보 추가 및 구매 욕구
광고주 요인	유통수단, 이미지 제고, 마케팅조사수단, 광고 효율성
매체사 요인	새로운 수익모델, 제작비용 충당 필요
광고효과 요인	높은 상호작용성, 높은 도달률, 구매와 면제

2) T-Commerce 전망

한국전자상거래 및 통신판매협회가 발간한 '2003년 통신판매시장에 대한 이해와 전망'에 따르면 T-Commerce는 2004년 30억 원을 시작으로 2008년에 2,000억 원대를 웃돌 것으로 전망됐다. 또한 T-Commerce 관련분석을 보면 조사대상자의 86.8%가 TV를 통한 상거래를 하겠다는 결과가 여러 연구에서 나타나 T-Commerce의 성공 가능성을 여실히 보여주고 있다. 그러나 마케팅의 가능성만 보고 미래를 섣불리 판단할 수 없다.

유럽 디지털 방송 경우 초기 인터랙티브 혁명을 일으키면서 T-Commerce 시장이 비약적으로 커질 것이라는 90년대 일반적인 예견과 달린 디지털 쌍방향방송 중 데이터서비스 자체가 단지 문자서비스 차원을 벗어나지 못했다.

국내의 경우도 디지털 TV 보급률이 아직 높지 않은 점, 이용자의 T-Commerce에 대한 낮은 인지도 그리고 쌍방향 시설을 어떻게 효율적으로 설치해 나가야 할지 등 풀어야 할 여러 가지 과제가 산적해 있다.

3. DMB 광고

1) DMB 광고의 특징

DMB는 CD 수준의 음질과 데이터 또는 영상 서비스가 가능하고 우수한 고정 및 이동수신 품질을 제공하는 디지털방식의 멀티미디어방송으로 전송수단(지상/위성)에 따라 지상파와 위성 DMB로 구분한다. 이러한 위성 DMB와 지상파 DMB방송 사업자의 주요 수입원이 될 DMB 광고마케팅은 기존 광고와는 많은 차이가 있을 것이다.

DMB방송광고의 특징으로 첫째, DMB단말기를 통해 동영상광고와 함께 인포머셜 광고, 게임광고, 퀴즈광고 등 다양한 인터랙티브형 광고가 가능해진다. 둘째, 광고를 통해 광고주가 원하는 마케팅 조사를 연결할 수도 잇고 구매도 연결되어 전자상거래가 이루어지게 할 수도 있다. 셋째, DMB 단말기를 소유하는 사용자 특성에 맞는 맞춤광고가 가능해 진다. 넷째, DMB 채널수가 증가하므로 광고시간대가 대폭 확대된다. 위성 DMB의 경우 비디오 채널 11개, 오디오 채널 25개, 데이터

채널 3개가 운영되며 지상파 DMB의 경우 6개의 사업자 각각 비디오
채널 1개, 오디오 채널 3개, 데이터채널 1개를 운영하게 되어 채널수가
대폭 증가하게 되고 이에 따라 광고시간대가 늘어나게 된다. 이로 인
해 위성 DMB의 경우 광고를 보면 통신료나 사용료를 무료 또는 할인
해 주는 서비스가 등장할 것으로 예상된다. 다섯째, DMB방송광고 운
영 시 요금 기준이 '시간'단위에서 '공간'단위로 변화하게 될 것이다.
그리고 마지막으로 여섯째, 위치기반의 광고 서비스가 확대될 것이다.

   이러한 특징을 통해 DMB방송광고는 방송광고의 특징과 모바일 광
고의 특징을 결합한 개인위치형 맞춤 멀티미디어 광고를 구현함으로써
빠른 성장이 예상되고 있다.

2) DMB광고시장 전망

   DMB가 광고매체로서 자리 잡고 광고시장이 성장하기 위해서는 첫
째 일정 규모 이상의 이용자 확보, 둘째 효과적인 광고운영 가능성, 셋
째 이용자의 광고에 대한 긍정적인 반응이 중요하다.

   DMB의 가입자는 지상파 DMB와 위성 DMB 공히 1년 이내에 100
만 명 정도의 가입자를 확보하고 3년 내에 300만 명 정도의 가입자가
예상되며 2010년에는 각기 800만 명 이상을 확보할 수 있을 것으로 추
정된다. 특히 DMB는 10대에서 30대까지의 젊은층이 초기에 주로 가입
할 것으로 예상되며 이들은 이미 휴대폰 등 이동성 단말기에 대한 사
용률이 높고 새로운 서비스와 광고에 대해 호의적인 특성이 있다.

   특히 이들 계층의 니즈인 편리화 추구, 개인화 추구, 고급화 추구를
DMB의 이동형 미디어, 개인형 미디어, 멀티미디어형 미디어, 융합형
쌍방향 미디어 특성을 통하여 구현하고 DMB광고의 특장점인 개인성,
장소성, 시간성, 휴대성, 통신연계성과 다양성과 상호작용성이 활용된

효과적인 광고를 집행할 수 있는 가능성이 높다.

또한 DMB에서의 광고 집행에 대한 시청자의 반응은 부정적이기보다는 다소 필요하다고 생각하는 경향이 있으며 DMB의 특장점이 잘 활용된 광고에 대해서는 더욱 적극적으로 수용할 수 있는 가능성이 있다는 것을 DMB에 대한 시청자 반응조사에서 파악할 수 있었다.

한편 정부에서도 DMB시장의 확대를 위해서는 DMB광고시장의 형성이 필요하다고 판단하고 나름대로의 방안을 실행하고 있다. 첫째 개정방송법을 통해 DMB광고를 위한 법적 근거를 마련하였고 또한 개정방송법 시행령을 통해 지상파DMB광고는 매시간 4회 이내 매회 4건 이내 매회 광고시간 1분 20초 이내 총 광고시간은 3분 이내, 위성 DMB광고는 매시간 4회 이내 매회 5건 이내 매회 광고시간 1분 40초 이내 총 광고시간은 3분 20초 이내로 규정하여 기존TV 매체들에 비해서 광고 횟수는 더 많이 총 광고시간은 더 길게 할 수 있도록 하였다. 또한 시청자가 자율적으로 선택하는 2차 화면부터는 DMB에서는 길이 제한 없이 다양한 음성, 동영상광고 등도 허용하고(일반디지털방송에서는 불가) 데이터광고도 화면전체 사이즈의 1/3(일반 디지털방송에서는 1/4)로 다소 완화하였다. 그리고 광고가 주요 수입원인 지상파 DMB의 경우는 방송광고 영업의 노하우와 방송광고의 독점적 지위에 있는 한국방송광고공사에서 통합 판매하도록 함으로써 DMB광고시장의 조기 정착에 기여하도록 유도하고 있다.

이상에서 살펴본 것처럼 DMB광고시장 전망에 대한 전반적인 상황은 다소 밝다고 할 수 있다. 하지만 한국 경제의 계속된 불황, 디지털 방송 IPTV 등 계속 쏟아져 나오는 디지털 뉴미디어와의 치열한 시장 경쟁, 광고주 측면에서 어느 정도 포화된 광고비의 DMB로의 파이 전이 불투명, DMB광고 효과에 대한 검증 부재, 정치적 논리에 휘둘려 일관되고 명확한 DMB시장 및 DMB광고 활성화 정책 부재, DMB시장 타깃의 광고 타깃으로서의 시장 규모 불명확 등 DMB광고시장 전망을 다소 불투명하게 하고 부정적으로 보이게 하는 요인들도 있다.

그러나 DMB는 신성장동력 산업이자 다가오는 유비쿼터스시대의 핵심 미디어로서 역할을 담당할 것으로 예상되어 정책적인 측면이나 사용자 측면 그리고 기업 측면에서도 공히 활성화할 필요가 있다고 인식하고 있다. 이를 위해서는 DMB광고의 조기 정착과 활성화가 중요하다고 정부와 관련업계 공히 인식하고 이를 위해 노력할 것으로 전망된다. 이로 인해 조만가 DMB시장 조기 정착을 위한 정부의 노력과 초기 케이블방송사업자들과는 달리 막대한 자금력을 가진 DMB사업자들의 DMB시장 확장 노력이 가시화될 것이므로 DMB시장의 확대가 예상되고 이에 따라 기존의 광고와는 차별화되는 특장점을 가진 DMB광고시장이 확대될 수 있는 여건이 조성될 것으로 전망된다. 결국 이러한 긍정적인 DMB광고시장 환경에 광고회사 등 관련업계가 어떻게 잘 대응하느냐에 따라 DMB광고시장의 활성화 여부가 결정될 것이다.

제2부

디지털방송 인터랙티브 방송광고 효과연구

Ⅰ. 서 론

1. 문제의 제기

21세기는 광고매체 분야에서 디지털(Digital)[1]의 세기이다. 디지털은 우리 생활변의 모든 것에 적용되고 있으므로 생활패턴과 행동양식에 상당한 영향을 미치게 된다. 그러므로 어느덧 우리 생활에 스며들고 있는 디지털방송도 여러 부문에서 엄청난 영향을 끼칠 것으로 전망된다. 디지털방송은 기존의 바보상자로 치부되던 TV를 지능상자[2]로 변화시킬 것이다. 지금까지 수동적인 매체로 머물러있던 TV는 방송제작 전송 수신체계의 모든 분야에서 디지털체계로 전환되고 있다. 특히 통신을 대표하는 인터넷에 의하여 TV방송 통신 컴퓨터 가전 간에 상호 기능상의 결합이 가속화 되고 있다. 이로 인해 TV의 기능과 TV에서 제공되는 서비스가 진화되어 TV는 컴퓨터와 같은 지능을 갖는 종합정보매체로 탈바꿈되고 있다.[3]

디지털방송은 기존의 TV서비스와 다른 형태의 서비스를 제공한다. 예컨대 시청자는 이 서비스를 통해 시청하고자 하는 내용이나 다양한 정보 등에 대하여 쌍방향으로 능동적인 참여를 할 수 있고 인터넷접속 등 부가적인 서비스를 받을 수 있다.[4] 또한 이러한 진화된 서비스를 제공받는 사람은 일방적으로 정보를 받는 시청자가 아니라 수신단말기

---

1) 모든 정보를 0과 1로 전환하여 인식하는 기술로 21세기에 들어서 모든 영역에 적용되고 있다.
2) 지능상자는 Smart Boy의 의역임.
3) 김대호, 양방향TV, 나남, 2002, 39~45쪽, 참조.
4) 김영석, 디지털미디어와 사회, 나남, 2001, 335~405쪽, 참조.

를 통해 방송미디어에 대한 조정력과 통제력을 갖고 자발적으로 참여
하는 이용자가 된다.

이러한 디지털방송은 세계적인 추세로서 이미 1996년부터 미국에서
부터 시작하여 유럽 그리고 일본에서 디지털 위성방송이 시행되고 있
고 이제 디지털케이블방송과 디지털지상파방송도 서비스를 시작하였
다. 이들 국가들은 디지털방송을 활성화시키기 위하여 국가적인 차원
의 노력을 기울이고 있다. 한국도 2001년 지상파방송의 디지털방송 송
출을 필두로 2002년 3월에는 디지털위성방송이 시작되었고 2003년에는
디지털케이블방송이 서비스를 시작할 예정이다.

현재 수도권중심의 디지털방송권역이 2005년까지 전국으로 확대되며
2010년 이후로는 기존의 아날로그방식의 TV방송은 서비스가 중단되므
로 디지털 TV방송의 시대가 도래하고 있는 것이다.5)

그런데 디지털방송의 이러한 청사진에도 불구하고 기업이나 소비자
들의 반응은 그다지 뜨겁지 않다. 이에 대한 주요한 이유는 디지털방
송을 기업에서 활용하기 위하여 초기의 비용투자가 선행되어야 할 뿐
더러 그만한 가치와 효과가 있는지에 대한 검증이 없었기 때문이다.
디지털방송이 활성화되려면 방송관련업계뿐만 아니라 디지털방송의 주
요 수입을 제공할 기업들이 이를 적극적으로 활용해야 한다. 기업은
디지털방송을 통해 자사의 제품과 서비스를 광고하고 마케팅을 위하여
기존 아날로그방식과는 다른 추가적인 비용을 부담하여야 하며 이를
가능하게 하려면 시설과 인력에 대한 투자가 필요하다. 이를 위해서는
디지털방송에서의 특화된 광고마케팅유형인 상호작용광고(Interactive
Advertising)6)의 효과가 검증되어야 하는데 아직 이에 대한 연구가 전
무한 실정이다.

상호작용광고는 전통적인 광고처럼 수동적으로 노출되는 것이 아니

---

5) 정보통신정책연구원, *디지털방송산업 종합발전정책수립*, 2001. 2.
6) 상호작용광고는 Interactive Advertising을 한국실정에 맞게 번역한 용어이다.

라 시청자가 능동적으로 광고정보의 탐색여부를 통제할 수 있는 형태를 의미한다. 그리고 상호작용 TV광고는 디지털 TV방송에서 시청자가 조정력과 통제력을 가지고 상호작용 할 수 있는 모든 광고물로 정의할 수 있다. 시장조사 전문기관인 포리스트리서치(Forest Research)사 연구원인 버노프는 디지털 TV방송에서 사용되는 상호작용 TV광고 형태를 세 가지로 구분하였다. 첫째는 채널별 방송일정 등을 안내하는 전자프로그램안내[7])에 붙는 띠형광고[8]) 상품이다. 둘째는 특정제품과 관련한 정보와 광고를 별도 채널로 구성하는 울타리광고[9])이고 셋째는 기존광고에 상호작용 기능을 부여하여 부가적인 정보를 볼 수 있게 하는 선택광고[10])로 구분하였다. 이외에 방송 프로그램 내의 장면에 어떤 부문을 리모콘으로 누를 때 광고가 등장하는 프로그램 삽입광고가 디지털 TV방송에서 활용되는 대표적인 광고유형이다.

특히 한국의 경우 아직까지 정확하게 디지털 TV방송에서 상호작용 광고시장의 규모를 예측할 수 없는 상황이지만 세계의 상호작용 TV광고시장규모 중 1% 정도의 점유율을 차지할 것으로 예상되고 있다. 이러한 예상을 그대로 적용할 경우 2005년도에 약 2,000억 원 정도의 시장이 형성될 것으로 보인다.[11]) 더구나 2010년에는 디지털방송만이 존재하게 되므로 상호작용 TV광고시장은 폭발적으로 성장할 것으로 예상된다. 이처럼 기업의 광고마케팅을 위한 중요한 수단으로서 디지털 TV방송이 활용될 가능성이 높지만 그 효과에 대한 검증이 전무한 관계로 이를 활용하기 위한 준비가 미흡한 현실이다.

또한 소비자 입장에서 보면 디지털 TV방송에 대한 기대수준을 과

---

7) 전자프로그램안내(EPG)는 Electronic Program Guide의 한국 번역이다.
8) 띠형광고는 배너광고(Banner Advertising)에 대한 필자의 한국형 표현이다.
9) 울타리광고는 월드가든광고(Walled Garden)에 대한 필자의 한국형 표현이다.
10) 선택광고는 클릭광고(Click Advertising)에 대한 필자의 한국형 표현이다.
11) DTV Plus, 국내 인터랙티브 TV광고와 전자상거래 규모 예측, 2001년 내부보고서, 20쪽.

연 한국의 디지털방송업계가 충족시킬 수 있을지에 대한 의구심을 갖고 있다. 현재 한국 소비자들의 디지털 TV방송에 대한 기대수준이 어느 정도이며 어떤 요인들이 이러한 기대수준에 영향을 미치는지를 파악하여 실제 서비스수준과 소비자의 기대수준을 적합시키고 표적소비자별로 어떤 광고유형이 더욱 효과적인지를 알고 이를 맞출 수 있을 때 디지털 TV방송에 대한 소비자의 반응이 더욱 활성화될 것이고 소비자가 모이는 곳에 기업은 자연스럽게 투자하게 될 것이다.12) 이것은 또한 디지털 TV방송의 재원이 되어 디지털 TV방송의 활성화에 기여하게 될 것이다.

따라서 기업과 소비자의 관점에서 볼 때 현재 디지털 TV방송의 활성화를 도모하려면 디지털 TV방송에 대한 소비자의 기대수준에 대한 검증과 디지털 TV방송에서 구현될 상호작용광고들의 효과에 대한 실증적 검증이 필요한 것이다.

2. 연구목적 및 범위

매중매체에 적합한 방식의 광고에 대한 효과연구가 일방적 노출에 따른 자극과 반응의 관계 속에서 무수히 이루어져 왔다. 최근에는 인터넷에서부터 시작된 상호작용광고의 효과에 관한 연구가 활성화되고 있는 추세이다. 예컨대 컴퓨터를 매개로한 인터넷에서의 상호작용광고에 대한 연구는 인터넷에서 상호작용성의 효과와 상호작용효과의 과정을 밝히는 업적을 내놓기 시작하였다.13)

---

12) 이훈섭, 마케팅원론, 글로벌, 2001, 34쪽, 참조.
13) 최환진, 인터넷광고의 효과과정에 관한 연구 ―웹사이트의 상호작용성을 중심으로―, 경희대학교 박사학위논문, 1999.

그러나 디지털 TV방송은 TV를 매개로 하는 상호작용 방송이란 측면에서 또 다른 연구영역이 될 것이다. 이를테면 디지털 TV방송은 기존의 TV특성과 인터넷에서 경험한 상호작용을 겸비한 새로운 개념의 TV이다. 따라서 〈매체가 곧 메시지다〉고 말한 마샬맥루한의 말처럼 매체는 마치 물을 담는 그릇과도 같다. 그릇의 모양에 따라 담겨 있는 물의 모습이 달라지듯 매체의 특성은 전달할 메시지의 형식과 내용에 영향을 주게 된다.14) 이 말에서 예측되는 것처럼 디지털 TV방송의 형식과 내용에 대한 소비자들의 인식과 기대는 인터넷이나 기존 TV와는 다른 측면을 갖게 될 것이다. 이러한 매체에 대한 인식과 기대는 이를 통해 전달되는 광고유형에 따른 효과의 차이를 가져올 것이다. 이런 과정에서 소비자와 제품의 관여속성이 광고효과에 영향을 미칠 것이다.

이에 본 연구는 첫째 한국의 디지털 TV방송에 대한 소비자의 기대수준과 이에 영향을 미치는 요인들을 밝히고자 한다. 둘째 한국의 디지털 TV방송에 대한 기대수준이 상호작용광고의 유형별 효과에 어떤 영향을 미치는지를 밝히고자 한다. 셋째 한국의 디지털 TV방송에서 제품관여도가 상호작용광고의 유형별 효과에 어떤 영향을 미치는지를 밝히고자 한다. 넷째 어떤 유형의 광고가 디지털 TV방송에서는 더욱 효과적인지를 밝히고자 한다. 다섯째 직업별 학력별 연령별로 광고유형에 따른 광고효과의 차이를 밝히고자 한다. 마지막으로 이러한 디지털 TV방송과 상호작용광고 효과에 관한 실태분석을 통해 문제점을 도출하고 이에 대한 대응방향을 제시하고자 한다.

특히 학문적 측면에서 볼 때 멀지 않은 장래에 가장 일반화될 광고매체에서 광고유형에 따른 효과와 그 요인들을 밝히는 본 연구는 향후 관심사로 떠오를 것으로 전망되는 디지털 TV방송광고에 대한 이론적 연구 및 실증적 연구의 기본 틀을 제공할 수 있다는 측면에서 중요한

---

14) 김영석, 디지털미디어와 사회, 2001, 나남, 28쪽.

의의가 있을 것이다.

또한 사회적인 측면에서 볼 때 디지털 TV방송을 기업의 입장에서 활발히 활용할 수 있는 신념을 확보할 수 있도록 광고유형별 효과에 대한 실증적 검증과 방안을 제공할 것이다. 디지털방송계 입장에서는 디지털 TV방송 소비자들의 디지털 TV방송에 대한 인식과 기대가 어떠하며 이러한 기대가 어떻게 형성되었고 이에 따라 광고유형별로 어떤 효과를 거두는지를 파악하게 될 것이다. 이에 따라 소비자와 기업을 고객의 차원에서 만족시킬 수 있는 방송과 광고서비스를 제공하는 데 도움이 될 것이다.

3. 연구의 전개

이러한 연구목적을 달성하기 위해 다음과 같은 연구과정을 거쳤다.

첫째 디지털방송과 상호작용광고에 대한 현황과 전개사항을 파악코자 관련문헌과 인터넷사이트를 조사하는 동시에 관련업체를 방문하여 해당 분야 전문가의 의견을 청취하였다.

둘째 관련이론을 파악하기 위하여 소비자기대이론을 비롯한 제품관여도 혁신기술수용모형 광고효과과정 광고효과 측정 등에 대한 전반적인 문헌들을 고찰하였다.

셋째 실태연구모형의 개발에 활용하기 위하여 표적집단면접(직장인 3명 대학생 3명 주부 3명)조사를 실시하여 한국에서의 디지털 TV방송에 대한 기대수준과 이러한 기대에 영향을 미쳤다고 생각되는 요인들을 사전에 청취하였다. 또한 제품관여를 파악하기 위하여 다양한 제품의 관여수준에 관련한 의견을 청취하였다. 이 결과와 관련이론을 근거로 기대수준에 영향을 미치는 세부요인들을 설정하였고 제품종류로서 고관여제품으로 자동차를 선정하였고 저관여제품으로는 청량음료를 선정하였다.

넷째 실태분석의 연구모형과 가설을 설정하였고 이를 측정하기 위한 초기설문지를 작성하였으며 조사대상자 30명(직장인 10명 대학생 10명 주부 10명)을 대상으로 사전조사를 실시하였다. 사전조사결과 요인분석을 통하여 변수요인들을 최종결정 하였고 측정변수의 설문항목에 대한 신뢰성을 분석 검토하였다. 이를 근거로 최종의 연구모형을 결정하였다.

다섯째 본 조사에서는 직장인 100명을 비롯한 대학생 100명과 주부 100명으로 할당표본을 추출하여 조사대상자를 300명으로 확정하였다. 이들을 10명씩 디지털 TV방송시설이 설치되어 있는 연구실로 초청하여 실제로 디지털 TV방송을 작동시킴으로써 실태연구를 실시하였다. 결과분석에서는 상관관계분석 및 분산분석을 통해 연구모형을 검증하고 실태를 파악하였다.

여섯째 실태분석결과를 토대로 문제점을 도출하고 이에 대한 정부 방송사 기업 광고회사 학계 측면의 활성화방향을 제시하였다.

이상과 같이 본 연구에서는 관련이론과 디지털 TV방송 관련문헌연구와 전문가면담과 표적집단면담조사를 통한 질적 연구를 실시하였고 연구모형 및 가설 검증을 위한 실태분석조사를 통한 양적 연구를 병행함으로써 이론적 연구와 실증적 연구를 동시에 병행하였다.

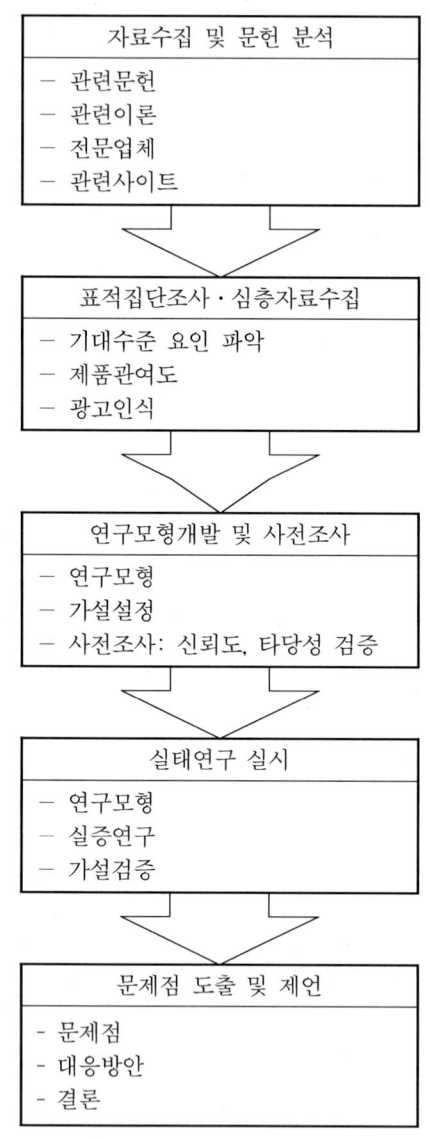

〈그림 1〉 연구방법의 전개 과정

Ⅱ. 주요 관련이론의 검토

1. 기대이론

기대는 어떤 서비스성과에 대하여 소비자가 가지고 있는 사전적 신념으로 실제 서비스성과를 평가하는 표준과 준거가 된다.[15] 이러한 기대수준에 영향을 미치는 요인에는 내부적 요인을 비롯한 외부적 요인과 상황적 요인 그리고 기업요인이 있다.[16]

내부적 요인은 개인적 욕구 관여수준 과거경험으로 구성된다. 소비자의 개인적 욕구는 매슬로우의 욕구5단계모델[17]에 기초하고 있다. 가장 일차적인 욕구인 생리적 욕구는 의식주에 대한 욕구이다. 두 번째 욕구는 물리적인 위험에서 보호받고자 하는 안전에의 욕구이다. 세 번째 욕구는 사회적 욕구로서 가족 및 다른 사회 구성원들에게 받아들여지고 싶어하는 소속욕구이다. 네 번째 욕구는 자기존경에의 욕구로서 타인들로부터 존경받을 수 있는 사회적 신분을 추구하려는 욕구이다. 마지막 단계는 자기실현의 욕구이다. 이는 개인적인 목표성취를 통해 자기만족을 추구하는 단계이다. 관여도는 고객이 해당 서비스에 자신이 어느 정도 관련되어 있다고 느끼는지의 정도이다. 과거의 경험은 특정의 서비스나 기업에 대한 경험을 포함할 수도 있고 동일한 서비스

---

15) Olson, Jerry C. and Philop Dover, *Disconfirmation of Consumer Expectation through Product Trial*, Journal of applied psychology, vol.64, 1979, pp.179~189.
16) 이우재, *서비스마케팅*, 학현사, 2000, 472~497쪽.
17) Maslow, A. H. *Motivation and personality*, New York: Harper and Row, 1972.

를 제공하는 다른 서비스기업에 대한 경험을 포함하기도 하며 또는 관련된 유사한 서비스에 대한 경험을 포함하기도 한다. 경험이 많을수록 기대수준이 올라가는 경향이 있기 때문이다.

소비자의 서비스에 대한 기대에 영향을 미치는 외부적 요인에는 세 가지가 있다. 경쟁적 대안을 비롯한 사회적 상황과 구전효과가 그것이다. 고객이 특정서비스를 받을 수 있는 경쟁과 대안을 인식하느냐에 따라 그 서비스에 대한 기대수준이 영향을 받는다. 또한 일반적으로 사람들은 다른 사람과 함께 있을 때 기대수준이 올라간다. 이는 누구나 자신의 선택능력을 인정받고 싶어하기 때문에 다른 사람들과 함께 있을 때 기대수준이 올라간다는 것이다. 또한 고객이 서비스에 대한 기대를 형성하는 데 구전이 강력한 원천이 된다. 구전으로부터 얻어진 정보는 고객의 기대를 형성하거나 강화하는 역할을 한다.

또한 소비자의 기대에 영향을 미치는 상황적 요인들로는 소비자 기분 날씨 시간 제약 등이 제안되기도 하고 기업요인들로는 광고 가격 유통 서비스직원 유형단서 기업이미지 등이 영향요인으로 제시되기도 한다.

기대는 태도와 구매의도에 영향을 미치고 기대에의 일치와 긍정적 불일치는 고객만족을 가져오며 부정적 불일치는 고객 불만족을 유발한다.[18] 그러므로 고객의 기대수준을 이해하고 이를 적정히 조정하든지 기대수준 이상의 서비스를 제공함으로써 고객의 만족을 유도할 수 있는 것이다.

따라서 한국 소비자들의 디지털방송에 대한 기대수준과 이에 영향을 미치는 요인들을 파악하는 작업은 소비자의 디지털 TV방송서비스에 대한 만족을 높여 디지털 TV방송을 활성화하기 위한 노력의 일환으로 꼭 필요한 것이다.

---

18) Ernest R. Cadotte, Robert B, Woodruff, and Roger L. Jenkins, *Expectations and Norms in Models of consumer satisfaction*, Journal of marketing research, vol.24, 1987, pp.305~314.

2. 혁신기술수용모형이론

혁신기술수용모형은 1986년 다비스가 처음 제안하고 공식화한 이론으로 새로운 정보기술의 수용에 관련된 연구에서 많이 응용되는 이론이다. 혁신기술수용모형은 혁신기술의 하나인 컴퓨터수용을 결정하는 요인을 설명하고자 개발되었다.[19] 이후 이 이론은 전자우편 데이터베이스(Database) 소프트웨어(software) 인터넷쇼핑(Internet shopping) 등에서 혁신적 기술을 사용하는 사람들의 행동을 설명하는 데 이론적 근거가 되어 왔다.[20]

혁신기술수용모형이론에 따르면 사용자의 시스템 사용의도가 실제 시스템사용을 결정하며 사용자의 시스템 사용의도는 다시 시스템사용에 관한 사용자의 태도에 영향을 받아 결정된다고 한다. 그리고 이 태도는 사용자가 시스템의 유용성지각과 사용편의성의 지각이라고 하는 두 가지 핵심변수의 영향을 직접 받는다. 사용편의성지각은 특정 시스템을 사용하는 데 있어 노력이 필요 없다고 개인이 지각하는 정도를 의미하며 유용성지각은 특정시스템을 사용하는 것은 자신이 하는 일의 수행을 제고할 것이라고 개인이 믿는 정도로 정의된다.

이러한 혁신기술수용모형은 정보통신부문에서 광범위하게 적용될 수 있음이 증명되어 왔다. 이에 정보통신과 방송부문의 혁신기술인 디지털 TV방송의 수용성에도 이 모델을 차용하여 특히 개인적 요인으로서의 사용편의성지각과 유용성지각이 디지털 TV방송에 대한 태도인 기

---

19) Davis, F. D, A *Technology Acceptance Model for Empirically Testing New End-user Information System: Theory and Results*, Doctoral Dissertatio, Sloan School of Management, MIT, 1986, pp.23~35.
20) Patrick Y. K. Chau, *An Empirical Assessment of a Modified Technology Acceptance Model*, Journal of Management information system, Vol.13, No.2, 1996, pp.185~204.

대수준에 어떤 영향을 미치고 이것이 광고효과에 영향을 미치는지를
파악하는 것은 의미 있는 작업일 것이다.

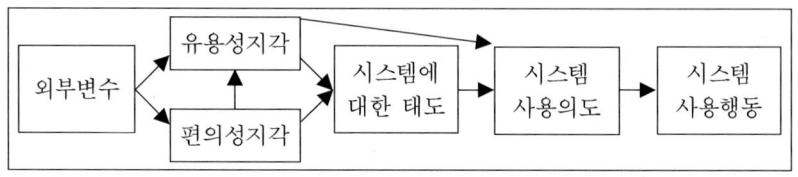

〈그림 2〉 혁신기술수용모형

3. 관여이론

관여도는 사회심리학에서 의사소통 과정에 있어 관여의 역할에 대한
연구가 처음으로 시작되었고 크룩만에 의해 처음으로 마케팅 분야에
도입되었다. 크룩만은 관여의 개념을 인지적 처리과정으로 연구하였다.
그는 수용자의 관여수준에 따라 대중매체의 효과가 다르게 나타난다고
하였다.[21]

관여도는 쉐리프에 의해 의사소통 과정에 있어서 관여의 역할에 대
한 연구가 처음으로 시작되었고[22] 맥가이어는 동기를 감성적 동기와
인지적 동기로 구분하였는데 그에 의하면 인지적 동기는 환경에 적응
하거나 의도한 목적을 달성하기 위한 욕구를 강조하는 반면 감성적 동
기는 만족한 감성상태에 도달하거나 정서적인 목적을 달성하기 위한

---

21) Krugman, H. E, *Brain Wave Measure of media involvement*, Journal of
   Advertising Research, vol.11, 1971, pp.3~9.
22) Sherif, C. W., Sherif, M, and Nebergall, R, *Attitude and Attitude
   change: The Social Judgement-Involvement Approach*, Philadelphia: W.
   B. Saunders. 1965, pp.195~243.

욕구를 강조하는 것이다.[23] 이러한 그의 연구를 실무적으로 제시한 것
이 에프시비(FCB)광고대행사에서 개발한 에프시비모델(FCB Model)
이다. 관여에 대한 다양한 연구가 이루어져 왔는데 여기서는 관여도
결정요인과 에프시비관여모델에 대해 살펴보겠다.

1) 관여도결정의 요인

관여도에 영향을 미치는 변수는 개인과 대상 그리고 상황으로 설명
된다. 한 개인에 있어서 관여의 정도는 대상제품에 따라 다르며 같은
대상제품이라도 관여도는 개인의 특징에 따라 다르고 또한 한 가지 대
상제품에 대한 개인의 관여는 상황에 따라 달라진다. 그러므로 관여도
는 개인 대상제품 상황의 상관관계에 의해서 조절된다고 말할 수 있다.

개인적 요인으로서의 관여도는 지속적인 경향이 있다. 이를테면 관
여도는 개인욕구 동기 자아이미지개발 등과 같은 개인의 특성에 영향
을 받는다고 할 수 있다. 예를 들면 어떤 소비자는 컴퓨터오락광으로
서 컴퓨터잡지와 게임방송을 보면서 컴퓨터에 높은 관심을 갖는 반면
에 다른 소비자는 계속적으로 컴퓨터를 사용하고 있으면서도 자기 자
신의 관심요인이 아니면 컴퓨터에 무관심하여 낮은 관여를 보인다.

상황적 요인이란 어떤 대상에 대하여 상황에 따라 일시적으로 발생
하는 관여를 말하며 시간에 따라 변화한다. 일단 구매결과가 결정되고
나면 없어지는 일시적인 작용이다. 예를 들면 유행하는 머리스타일에
상당히 높은 관여를 보이다가 유행이 변하면 관여수준이 낮아지는 것
을 볼 수 있다. 또한 관여가 낮은 제품이 그것이 사용되는 경우에 따
라 적합성수준이 달라지는 경우도 있다. 예를 들면 소비자 스스로가

---

23) McGuire, W. J, *Personality and attitude change: An information
   processing theory*, New York: Academic Press, 1968, pp.42~51.

마시려고 구매하는 와인과 선물용으로 구매하는 와인의 경우에 와인선택에서 중요성의 정도가 상황에 따라 달라진다.

제품적 요인이란 소비자가 관여수준을 결정할 제품에 반응하는 요인을 말하는 것이다. 이를테면 제품의 특징이 소비자의 관여도를 결정할 수 있다는 것이다. 일반적으로 소비자는 자신의 중요한 욕구나 가치를 만족시키는 제품에 대해서는 관여수준이 높아진다.

관여는 관찰될 수 없는 가정적 변수로서 직접적인 측정이 불가능하므로 관여의 결과변수나 원인변수를 이용하여 간접적으로 측정 추론할 수밖에 없다. 대표적인 관여척도를 개발한 차이코프스키는 제품관여를 소비자의 가치관 흥미 욕구에 따라 제품 내에서 지각하는 적절성으로 정의하였다.[24] 그는 다양한 제품종류에 사용될 수 있는 제품관여도의 측정을 위한 척도를 개발하였다. 여러 영역에서 관여수준의 측정에 일반적으로 적용될 수 있는 다항목 관여척도를 개발하고 이를 개인적 관여목록이라고 규정하였다. 차이코프스키는 개인적 관여목록의 개발에서 관여를 단일차원적 구조물로 개념화하면서 다음 3요소가 관여에 영향을 미치는 것으로 제안하였다.

- 개인적 요소: 대상에 대한 개인의 내재적 관심 가치 욕구
- 물리적 요소: 대상에 대한 차별화를 유발하고 흥미나 관심을 증가시키는 대상의 특징
- 상황적 요소: 대상에 대한 관심이나 관련성을 잠정적으로 증가시키는 환경적 요소

한편 로렌트와 카프러는 관여가 독립적 단면들로 구성되는 혼성적 개념으로 인식되어야 할 것을 주장하였다. 따라서 지각된 중요성의 단일지표로는 소비자의 제품관여를 만족스럽게 설명하고 예언할 수 없으므로 관여의 수준과 본질을 완전하고 세부적으로 측정할 수 있고 또한

---

24) Zaichowsky, Judith Lynne, *Measuring the Involvement Construct*, Journal of consumer research, vol.12, 1985, pp.341~352.

모든 제품군의 관여에 일반적으로 적용될 수 있는 세부항목화한 관여
척도의 개발을 시도하였다.25) 이들은 관여를 소비자의 구매 및 의사
소통행동에 많은 영향을 미치는 원인제공적 또는 동기유발적 변수라는
관점을 채택하였고 선행연구들로부터 다음 5가지 항목을 관여도 측정
척도로 추출하였다.

■ 지각된 제품의 중요성: 제품의 개인적 의미

■ 제품구매와 관련된 지각된 위험

－ 나쁜 선택이 초래할 부정적 결과에 대해 지각된 중요성

－ 나쁜 선택을 할 것에 대해 지각된 확률

■ 상징적 기호적 가치

■ 쾌락적 가치

그들은 위의 관여항목들을 측정하기 위한 19개 세부항목척도를 개발
하고 이 척도를 소비자 관여세부항목이라 설명하였다.

요컨대 관여의 개념에 대한 기존 연구들의 공통되는 결론 중의 하나
는 저관여조건하에서 광고커뮤니케이션효과는 고관여조건하에서의 효
과와 다르며 소비자의 제품 종류에 대한 관여의 정도는 특정상표나 특
정제품에 관계없이 소비자 행동을 설명하는 중요한 변수가 된다는 것
이다.

2) 에프시비그리드(FCB Grid)모형26)

관여도와 함께 제품분류의 근거로 많이 사용되는 것이 정보처리의

---

25) Kapferer, Jean-Noel and Gills Laurent, *Consumers' Involvement Profile:
A New Practical Approach to Consumer Involvement*, Journal of
Advertising Research. Vol.25, 1986, pp.48~56.

26) 미국 FCB 광고대행사가 개발한 관여도를 활용한 광고모형으로 FCB Grid
모형이라 불린다.

동기이다. 에프시비그리드모형은 바로 관여도와 정보처리동기를 동시에 고려함으로써 제품을 세분화하고 있다.27) 에프시비그리드모형은 미국의 광고대행사인 에프시비에서 지난 20년 동안 발표된 주요이론과 모형을 종합하여 소비자행동분석과 제품분류의 관련성을 관여이론으로 체계화시킨 모형이다. 에프시비그리드는 기존의 소비자행동모형과 각종 이론을 종합하여 소비자의 이성적 판단과 감성적 판단 그리고 관여도에 따라 제품을 4가지 유형으로 구분하고 그에 따른 각각의 광고전략을 제시하고 있다. 또한 에프시비그리드모형은 전통적 이론인 경제학이론 심리학이론 반응이론 사회이론을 종합적으로 적용하고 있다. 에프시비그리드모형에서는 다음과 같은 네 가지 공간으로 관여도의 영역을 구분하고 있다.

제1공간-고관여: 이성적 사고

제1공간은 정보적 광고의 필요성이 강조되는 영역이다. 이 영역에 해당되는 제품구매 시기에는 소비자들이 높은 관여도를 갖고 이성적 사고를 하게 되는 것으로 파악한다. 따라서 이 공간에 위치되는 제품은 소비자들이 많은 정보를 필요로 하는 제품으로서 자동차 집 가구 등 주요 내구제품들이다. 구매의사결정과정은 전형적인 위계적 효과모형으로서 〈인지-느낌-구매〉의 단계를 거친다. 전통적인 이론 중에서는 경제학적 이론이 토대를 이루고 있다.

이 공간의 상품을 구매하는 소비자들은 신중하게 사고하는 사람들이다. 따라서 소비자들이 광고를 수용하도록 하려면 기능적 특징적 정보를 잘 조합해야 한다. 그리고 소비자들의 구매정보욕구를 만족시켜 주려면 긴 광고문구형식이 좋으며 기존매체는 반복확인이 가능하고 관여도가 높은 인쇄매체가 유리할 것으로 판단되었다.

---

27) Ratchford, Brian T, *New Insights About the FCB Grid*, Journal of Advertising Research, 1987(Aug, Sep), pp.24~30.

제2공간－고관여 : 감성

　제2공간은 각 소비자들의 자아존중심리를 강조하고 있는데 제품구매
결정의 관여도는 높지만 구체적인 정보보다는 태도나 전체적인 느낌이
보다 중요하게 개입된다. 개인의 자부심이 중요한 요소이기 때문이다.
보석 화장품 의상 등의 제품들이 이 공간에 위치하며 소비자들은 느낌
이 강한 사람들이기 때문에 감성적인 광고전략이 필요하다. 행동모형
은 앞서의 제1공간과는 반대로 〈느낌－인지－구매〉의 단계를 거치고
전통이론 중에서는 심리학적 이론이 기반을 이루고 있다.

제3공간－저관여 : 이성적 사고

　이 공간의 제품구매결정 과정에서는 관여가 아주 낮아지게 되며 사
고과정의 진행에 있어서도 번거로운 사고과정을 겪는 경우에 비하여
구매가 편하고 습관적으로 이뤄지는 제품들이 해당된다. 따라서 어느
정도의 상품정보는 필요하지만 경쟁제품과의 차이점이 무엇인가를 지
적해 주는 것으로 충분할 것이다. 왜냐하면 광고에서 활용 가능한 제
품정보는 차별점뿐이다. 대부분의 식품과 일용적인 포장식품들이 이
공간에 위치한다. 상표애호도가 습관을 형성하지만 대부분의 소비자들
은 한 가지 상품만을 구매하는 경향이 별로 없고 소비자 나름대로 수
용 가능한 한두 가지 정도의 브랜드를 서로 바꾸어가며 구매하고 있
다. 시간이 흐름에 따라 많은 제품들은 성숙기에 이르고 이 상품공간
으로 이동하게 된다.

　행동모형은 〈구매－인지－느낌〉이기 때문에 차별적 소구점이 없는
광고문구를 제시하는 것보다는 쿠폰광고나 무료샘플광고 등으로 구매
의욕을 고취시키는 방법이 유용할 경우가 많다. 이 공간의 소비자들은
행동하는 사람들이다.

제4공간 - 저관여: 감성

개인적인 기호충족을 위한 제품들인 담배 술 사탕 영화 등이 이 공간에 위치한다. 이들 제품의 경우 이미지와 즉각적인 반응이 구매결정에 관련된다. 행동모델은 〈구매-느낌-인지〉의 과정이다. 여기에 해당하는 상품은 사회적인 행동이나 집단적인 행동에 많은 영향을 주기 때문에 전통적 이론 중 사회학적 이론에 근거를 두고 있다고 볼 수 있다.

이 공간의 소비자들은 즉각 반응하는 사람들로서 그들의 관심을 논리적으로 정착시키기는 힘들며 또 오래가지도 않는다. 이 집단의 사람들에게는 순간적인 충동이 지배적이며 상품에 관하여 합리적인 관심은 별로 없고 있다고 하더라도 오래 지속되지 않는 경향이 있다.

따라서 본 연구에서는 제품의 관여도에 의하여 두 개의 제품을 선택했는데 1공간의 자동차와 4공간의 청량음료를 선택하였다. 이 두 제품의 특성은 각 집단에서의 전형적인 제품이고 고관여와 저관여를 대표하는 제품이라고 할 수 있기 때문이다. 또한 표적집단면접연구의 결과 가장 대표적인 고관여와 저관여 제품으로 선정되었던 것이다.

4. 광고효과이론

광고모델효과에 대한 이론들은 매우 많이 있다. 여기서는 광고효과의 관련이론 중에서 광고효과의 과정에 관한 이론과 관여와 광고효과의 관계에 관한 이론 그리고 광고효과를 측정하는 방법에 관해 살펴보도록 하겠다.

1) 광고효과과정의 이론

광고의 효과과정에 관한 대표적인 모형은 광고효과위계모형이다. 이
모형에 따르면 광고가 소비자의 구매에 미치는 효과는 세 단계의 과정
을 거친다고 한다.[28] 첫 단계는 광고가 제공하는 정보와 사실을 바탕
으로 사고하는 인지적 과정(인식-지식)이다. 두 번째 단계는 광고를
통해 태도와 느낌이 변화되는 감성적 과정(호의-선호)이다. 세 번째
단계는 광고자극이나 직접욕구들에 의해 구매동기가 환기되는 행동적
과정(확신-구매)이다. 이러한 광고효과의 위계모형은 기본적으로 광
고에 대한 노출을 통하여 브랜드에 대한 태도가 형성되고 그 태도가
구매행동에 영향을 미친다는 광고효과과정을 나타낸 것이다.

한편 상호작용이 포함되어 있는 인터넷광고의 효과과정모형도 제시
되었다.[29] 이 모형에 따르면 인터넷광고의 효과과정은 크게 네 단계를
거친다고 한다. 첫 단계는 〈노출-인지〉단계로 수용자들이 웹사이트에
대한 정보에 노출되어 웹사이트의 존재나 내용에 대해 인지하는 단계
이다. 노출을 통해 특정 웹사이트에 대해 혹은 인터넷상에서 광고활동
을 하는 특정기업이나 특정제품 특정이벤트에 대해 인지를 하게 되는
것이 인터넷광고의 1차적 효과과정이라고 할 수 있다. 두 번째 단계는
〈흥미-접속〉단계로 첫 단계에서 알게 된 특정웹사이트나 특정내용에
흥미를 느껴 그 웹사이트나 내용에 접속하게 하는 과정이다. 세 번째
단계는 〈선호-상호작용〉단계로서 웹사이트에 접속하여 내용을 살펴보
면서 특정내용을 선호하게 되고 거기서 요구하는 상호작용을 하는 단
계이다. 네 번째 단계는 〈만족-반복〉단계로서 웹사이트에서 요구하는

---

28) Lavidge, R. L. and A. Steiner, *A Model for Predictive Measurement of
    Advertising Effectiveness*, Journal of Marketing, October, 1961, pp.59~62.
29) 최환진, *인터넷광고의 효과과정에 관한 연구-웹사이트의 상호작용성을 중
    심으로*, 경희대학교 박사학위논문, 1999, 66~110쪽, 참조.

행동을 취한 후 그 결과에 대해 만족을 느껴 다시 상호작용행동을 반복하게 되는 과정이다.

일반광고이든 상호작용성이 내재된 인터넷광고이든 기본적으로 광고에 대한 흥미를 통하여 제시된 제품이나 내용에 대한 선호에 영향을 미치게 되고 이것이 구매의향과 행동에 영향을 미치는 단계를 공통적으로 거치게 된다. 따라서 디지털 TV방송에서의 광고효과도 이러한 위계과정을 근거로 효과를 측정할 수 있을 것이다.

2) 광고효과과정과 관여도의 관계: 정교화가능성모형

전통적인 정보처리과정모형은 메시지수용자가 의사소통 메시지나 사건들에 관련된 정보를 적극적이고 능동적으로 처리하는 과정을 통하여 설득이 이루어진다고 본다. 반면에 정교화가능성모형은 대중매체광고의 정보처리경로로서 중심적 경로와 주변적 경로의 두 가지 경로를 상정하고 있다.[30]

중심경로를 통한 태도변화는 사람이 어떤 대상의 진정한 가치를 나타낸다고 느끼는 정보를 숙고한 결과로써 일어나는데 중심경로에서는 메시지수신자가 주장들에 주의를 기울이고 그것들을 이해하고 평가하려 한다. 수신자는 정보평가과정을 거친 후에 조리에 맞게 그리고 합리적으로 유입되는 정보를 기존의 지식체계에 통합하게 된다. 이 경로에 의해 야기되는 태도변화는 비교적 지속적이며 행동으로 연결된다고 가정되고 있다.

한편 주변경로를 통한 태도변화는 수신자가 대상에 대한 정보를 적

---

30) Petty, R. E., Cacioppo, J. T., & Schumann. D, *Central and peripheral routes to advertising Effectiveness: The moderating role of involvement*, Journal of Consumer Research, Vol.10, 1983, pp.135~146.

극적으로 처리하지 않고 태도대상을 긍정적인 혹은 부정적인 주변적 단
서와 결합시켜 이뤄지는 것을 말한다. 여기서 주변적 단서란 고려 중인
대상의 속성들에 관한 적극적인 사고 없이도 태도변화를 일으키기에 충
분한 설득메시지에 내재된 요소나 동인을 가리킨다. 따라서 이 경로에
의하여 야기되는 태도변화는 일시적이고 예측이 어렵다고 가정된다.

이러한 두 가지 경로의 선택은 소비자의 관여수준에 따라 결정되는
데 관여도를 정교화가능성으로 설명된다. 정교화가능성이란 수신자가
메시지 주장의 진정한 가치를 평가하기 위한 목적으로 사건과 관련된
사고를 할 가능성을 의미하는데 이는 동기변인과 능력변인에 의해 좌
우된다. 동기변인이란 광고되는 제품의 소비자에 대한 중요성으로서
개인적 관련성을 의미하며 능력변인이란 소비자가 광고하는 제품에 대
하여 알고 있는 사전지식이나 광고메시지이해능력의 정도를 의미한다.
정교화가능성모형에 따르면 고관여 상황에서는 메시지에 담겨 있는 주
장이나 정보의 품질이 설득에 주로 영향을 미치고 저관여 상황에서는
모형의 특성과 같은 2차적인 설득단서들이 주변경로를 통하여 설득에
더 큰 영향을 미친다고 본다.

광고효과과정에 있어서 정교화가능성모형에 따르면 고관여일 경우
중심경로를 통한 중앙적 정보처리과정을 거쳐 광고가 상표에 대한 태
도변화를 이끌고 이는 다음에 구매관심이나 구매의도에 영향을 미친
다. 이때 주변적 단서도 또한 상표태도에 영향을 미칠 수 있을 것이다.
중앙적 정보처리의 결과로 형성되거나 변화된 태도는 보다 더 영속적
이고 변화에 저항하는 경향이 있다.

정교화가능성모형에 의하면 저관여일 경우에는 주변경로를 통해 주
변적 정보처리는 광고태도와 광고애호를 이끌고 이는 상표태도와 구매
의도에 영향을 미칠 수 있다. 예컨대 광고에 의해 신념이 변경되지 않
고서도 광고에 대한 태도를 통한 주변경로를 통하여 제품과 구매에 대
한 태도변용이 일어나는 과정을 명시하고 있다.

한편 수정정교화가능성모형에 의하면 광고정보의 처리과정에서 동기요인으로 작용하는 관여도의 역할을 인터넷광고에 적용하여 기존의 정교화가능성이론을 상호작용에 연관시켰다.[31] 수정정교화가능성모형에 따르면 제품에 관련하여 고관여 상황에 있는 사람들이 저관여 상황에 있는 사람들보다 더 많은 정보를 얻기 위하여 인터넷광고에 상호작용할 가능성이 더 크다고 한다. 기존의 정교화가능성모형을 변형하여 자발적 노출과 상호작용성을 포함한 수정정교화가능성모형은 새로운 정보처리모형으로서 관여도는 지각된 메시지와 관련성과 매체에 대한 태도와 광고에 대한 태도 등과 함께 광고효과를 유발하는 선행변인으로서 역할을 하며 광고내용과의 상호작용에까지 영향을 미친다고 주장한다.

따라서 디지털 TV방송서비스와 디지털 TV광고에서의 상호작용성과 관여도가 광고처리과정에 어떤 영향을 미치는지를 파악할 필요가 있다.

3) 광고효과의 측정

광고에 대한 태도의 매개역할에 대하여 검증된 모형은 감정전이가설 이중매개가설 상호매매가설 독립영향가설의 네 가지 모형이 있다.[32] 감정전이가설은 광고에 대한 태도에서 상표에 대한 태도로의 직접적 일방적인 인과적 흐름을 가정하는 것으로서 많은 실험적 연구들이 이

---

31) Cho, Chang-Hoan, *How Advertising Works on the WWW: Modified Elaboration Likelihood Model*, Journal of Current Issues and Research in Advertising, No.1, 1999, pp.30~55.

32) Mackenzie, Scott B, Scott B., Richard J. Lutz & George E. Belch, *The Role of Attitude toward the Ad as a Mediator of Advertising Effectiveness: A Test of Competing Explanations*, Journal of Marketing Research, vol.23, 1986.

를 지지하였다.33) 이 중 매매가설은 광고에 대한 태도에서 상표에 대한 태도로의 직접적인 영향 및 제품인지를 경유한 간접적인 영향의 두 가지 흐름을 가정한다. 이 모형은 메시지에 대한 인지는 태도에 선행하여 메시지내용에 대한 인지적 감정적 반응을 차례로 지배하며 광고에 대한 태도는 광고에 실린 상표에 관한 내용을 받아들이는 데 영향을 미친다는 것이다. 상호매매가설은 광고에 대한 태도와 상표에 대한 태도 사이에 쌍방의 인과적 흐름의 강도는 소비자와 상황에 따라 변하게 된다는 것이다. 예를 들면 새로운 제품 출하 때에는 신제품 광고가 소비자에게 첫 노출되기 때문에 광고에 대한 태도의 영향이 상표에 대한 태도의 영향보다 상대적으로 강할 것이다. 이와 반대로 이미 잘 알려진 상표의 경우에는 소비자들의 상표사용경험 이를테면 상표에 대한 태도의 영향이 보다 강한 영향을 미칠 것이다. 독립영향가설은 광고에 대한 태도와 상표에 대한 태도 사이에 아무런 인과관계도 존재하지 않는다고 가정한다. 예컨대 광고에 대한 태도와 상표에 대한 태도는 구매의도에 대하여 각각 독립적인 결정인자가 된다는 것이다.

 따라서 이 모형들은 광고에 대한 태도는 상표에 대한 태도에 영향을 미치고 그것은 다시 구매의도에 그 효과가 전이된다는 점을 검증하였다. 이에 본 연구에서는 광고효과를 커뮤니케이션효과인 광고에 대한 태도와 상표에 대한 태도와 함께 판매효과인 구매의도로 측정하고자 한다.

---

33) Park, C. Whan and Mark S. Young, *Types and Levels of Involvement and Brand Attitude Formation*, Advance in Consumer Research, vol.10, pp.20~35.

Ⅲ. 디지털 TV방송과 상호작용광고의 개황

1. 디지털 TV방송의 개황

1) 디지털 TV방송의 특징

디지털기술의 급속한 발전은 방송시스템의 환경에도 커다란 변혁을 가져오고 있다. 특히 통신 방송 컴퓨터의 융합시대를 맞아 방송시스템의 디지털화가 이러한 흐름에 본격적으로 합류하기 시작했다. 21세기에 가속화되고 있는 이러한 디지털화와 융합화의 경향은 TV방송 반세기 역사의 근본골격을 변화시키는 요인으로 작용하고 있다. 또한 컴퓨터기술과 방송기술의 융합은 전통적으로 방송인에 의해 일방적으로 좌우되던 방송서비스의 제어 처리기능이 점차적으로 시청자 개개인의 권한영역으로 넘어가는 계기를 제공하고 있다.

디지털 TV방송이란 영상신호의 처리와 제작과정의 디지털화뿐만 아니라 전송방식을 포함한 모든 단계가 디지털화되는 것을 말한다. 컴퓨터기술의 발달이 방송기술 분야에 큰 영향을 주고 있는 것으로 과거의 일방적인 프로그램의 전송기능에서 정보교환의 양상으로 매우 다양하게 변모해 가고 있다. 멀티미디어34)개념의 확대와 함께 위성과 광섬유에 의한 광대역전송시스템35) 구축으로 종합디지털방송망인 통합디지털방송서비스36)가 실현되고 영상 음성 신호뿐만 아니라 다양한 자료들

---

34) 멀티미디어는 음성, 영상, 사진 등이 다양한 형태로 함께 제공되는 서비스이다.
35) Broadband Transmission System의 한국형 표현으로 1초에 2M 이상되는 대용량의 동영상을 전송할 수 있다.

이 일방적인 송출이 아닌 상호작용방식으로 공급되는 새로운 방송개념
의 도입이 이루어지고 있다.

이러한 디지털 TV방송은 기존의 아날로그 TV방송에 비하여 몇 가
지 특징을 가지고 있다.[37] 첫째로 디지털 TV방송은 주파수대역을 효
율적으로 사용하여 다채널화가 가능하다. 디지털방송에서는 영상 음성
데이터 등이 디지털데이터로 변환되고 고압축이 가능하다. 따라서 아
날로그방식에서 하나의 채널에 하나의 프로그램만을 내보내던 것과는
달리 디지털 TV방송은 기존의 한 채널에 여러 프로그램을 동시에 내
보낼 수 있다. 따라서 채널수가 늘어나게 되어 시청자가 선택할 수 있
는 채널의 숫자가 급격히 많아지게 된다. 예를 들면 아날로그방송인
MBC는 현재 하나의 채널로 운영하고 있는 영역들이 디지털방송을 통
해서 하나의 채널에서 뉴스채널 드라마채널 오락채널 쇼채널 등 세분
화한 채널을 신설하여 다양하게 운영할 수 있게 된다.

둘째 수신상태가 좋아져서 깨끗한 화면과 음향을 받아볼 수 있게 된
다. 디지털로 신호를 전달하기 때문에 시청자는 깨끗한 화면을 받아
볼 수 있고 아날로그방식에서 나타나는 화면겹침 현상도 완전히 해결
된다. 그리고 시디(CD) 수준 이상의 음질로 가정극장[38]의 기능까지
가능하게 된다.

셋째 디지털방송만의 가장 큰 장점으로 상호작용의사소통이 가능하
다. 방송사와 시청자 간의 상호작용을 실현할 수 있다. 쇼핑방송에서
시청자가 TV를 통해 바로 주문할 수 있고 퀴즈방송에서 시청자가 답
변을 직접 입력할 수도 있다. 그리고 방송 프로그램을 시청하다가 좀
더 자세한 정보를 원하는 경우 시청자가 디지털 TV방송을 통해 직접

---

36) ISDB: Intergrated Service Digital Broadcasting을 지칭함.
37) 강상현 외 3인, 디지털방송론, 한울아카데미, 2002, 30~50쪽.
38) 홈시에트(Home Theater)의 한국형 표현으로 극장에서 영화를 보는 것과
    같은 영상, 음향 시스템.

정보를 받을 수 있다. 이러한 상호작용성을 통해 시청자의 참여를 더욱 높이고 방송을 통한 상거래가 가능하게 된다.

넷째 디지털 TV가 자동화된 저장컴퓨터[39]의 기능을 하게 된다. 이 서비스기능은 대규모용량의 저장장치를 수신기가 내장하게 되어 시청자 개인의 취향에 맞는 프로그램을 자동적으로 녹화해 주고 이를 보고 싶을 때 언제라도 꺼내 시청할 수 있게 한다. 이를 통해 방송국의 편성권이 개인에게 이양되고 자신이 좋아하는 프로그램으로 다시 방송을 편성하여 볼 수 있게 된다.

2) 해외 디지털 TV방송의 현황

디지털 TV방송은 영국을 선두로 한 유럽과 미국 및 일본에서 이미 서비스를 실시하고 있고 시장이 점차 활성화되어 가고 있다.[40]

(1) 미국의 경우

미국은 1994년 다이렉트(Direct) TV를 선두로 디지털 위성방송을 세계 최초로 실시하였고 1997년에는 티시아이(TCI)가 케이블디지털 TV방송을 실시하였다. 1998년에는 디지털지상파방송을 개시하였으며 2006년까지 모든 지상파방송을 디지털 방식으로 전환한다는 방침이다. 특히 방송사의 디지털전환비용을 고려하여 디지털방송채널의 할당이 무료로 이루어졌다. 이는 미국이 디지털지상파방송의 조기실시를 통해 초거대 시장으로 부상하고 있는 디지털 TV방송 시장의 주도권을 선점

---

39) 홈서버(Home Server)의 한국형 표현이다.
40) 김영석, 디지털미디어와 사회, 나남, 2001, 354~405쪽.

하기 위한 포석이다. 특히 지상파방송의 디지털화는 연방통신위원회가 지상파방송에 고화질 TV를 도입하는 것을 목적으로 1987년부터 차세대 TV 방식의 규격화를 검토한 것이 시초가 되었다고 할 수 있다.

이러한 정책수립에 따라 상위 10대 시장에 소재한 ABC CBS Fox NBC 등 4개 네트웍 직영국 및 가맹국은 1999년 5월 1일부터 디지털방송을 시작하고 11위~30위까지의 시장에 소재한 4대 네트워크 직영국 및 가맹국은 1999년 11월 1일부터 실시하며 이외의 지역방송국은 2002년 5월 1일부터 실시하는 것으로 정책을 수립하였다. 그러나 실행은 이보다 앞당겨 1998년 11월에 10대 방송국 41개국에서 디지털방송서비스를 개시하였다. 미국방송국사업자협회에 의하면 1999년 10월에 이미 75개의 방송사가 디지털방송을 실시한 것으로 조사되었다.

미국 디지털 TV방송의 특색은 정부가 방송의 기술적 측면에서는 그 일부를 시장원리에 맡겨 정부의 개입을 될 수 있는 대로 적게 하는 조치를 취하는 한편 디지털 방송사업자가 주도적으로 역할을 할 수 있도록 하는 방침을 명확히 밝히고 있다는 점이다.[41]

(2) 영국의 경우

영국은 1998년 9월 23일 BBC방송사가 세계 최초의 디지털지상파 TV방송을 개시한 후 위성방송사인 BskyB가 스카이디지털을 통해 그해 10월에 디지털위성방송을 개시하였고 11월에는 지상파디지털상업서비스인 온디지털사가 디지털방송서비스를 개시하였다. 마가렛 대처 전 영국수상이 상업방송의 경쟁력강화를 강조한 이래 의욕적인 디지털 TV방송정책과 확산을 위한 다각도의 노력이 이루어져 디지털 TV방송부문이 활성화되고 있다.[42]

---

41) 강상현 외 3인, 《디지털방송론》, 2002, 113~116쪽.

영국디지털 TV방송의 특징은 다채널화를 주축으로 하는 것이라고 할 수 있는데 이에 따라 BBC는 수신허가료에 의하여 서비스를 확대하고 신규사업자의 참가를 상정하면서 결과적으로 3개의 디지털 TV방송 면허를 종합하여 온디지털사에 부여하였고 이에 따라 온디지털사는 다채널을 패키지로 유료방송을 실시할 수 있게 되었다. 원래 영국정부에는 다중주파수 대역면허를 한 개씩 사업자에게 부여하는 선택사항이 있었으나 3개를 종합하여 면허를 부여하지 않으면 디지털방송을 이끌어가기 어렵다는 판단하에 이같이 결정된 것이라고 볼 수 있다. 특히 온디지털사에게는 디지털지상파 TV방송을 조기에 보급해야 한다는 의무가 부과되어 온디지털사의 성패가 곧 영국 디지털지상파 TV방송의 장래를 좌우한다고 해도 과언이 아니다. 방송개시부터 1년 만에 온디지털과 스카이디지털은 디지털 수신에 필요한 셋톱박스의 무료제공 등 활발한 가입자획득경쟁을 벌이며 디지털 TV방송의 활성화에 기여하고 있다.

(3) 일본의 경우

일본은 위성디지털 TV방송을 2000년 12월에 시작하였다. 그리고 현재 NHK와 5대 민영방송사가 각각 설립한 디지털 TV지상파 방송국들은 각종 디지털방식의 프로그램을 방송하고 있다. 일본은 2010년 이전에 기존의 아날로그방식을 종료하기로 하였다. 일본도 거대 시장인 디지털 TV방송시장의 선점을 위하여 민관이 함께 활성화를 위한 노력을 경주하고 있다.

아날로그방송에서 디지털방송으로 전면 이행의 조기실현을 기본방침으로 2006년 말까지 전국의 소음까지 도입을 완료할 목표로 삼고 있는 일본은 관동광역권에 2003년부터 디지털지상파 본방송을 개시하고 근

---

42) 강상현 외 3인, *디지털방송론*, 2002, 117~133쪽.

기 중경광역권은 2003년 말까지 그 외 지역은 2006년까지 디지털본방
송을 개시한다는 계획이다.

또한 아날로그방송의 종료시기는 방송대상지역별로 디지털방송의 보
급 상황에 따라 3년마다 점검하는 것을 제언하고 있으며 2010년을 종
료시기의 목표로 하며 원칙적으로 아날로그방송 종료 후 신규사업자에
게 참가할 기회가 주어진다. 일본의 디지털 TV방송의 전개는 두 가지
두드러진 특징이 있는데 하나는 쌍방향서비스이며 또 하나는 통신사업
자의 디지털방송사업에의 진출이다.43)

3) 한국 디지털 TV방송의 현황

한국에서는 1997년 디지털지상파 TV방송의 전환일정에 대한 정부의
발표가 시발이 되어 국내에서도 디지털 TV방송을 위한 본격적인 준비
가 시작되었다. 그러나 실제방송은 계획보다 늦어져 2001년 10월 26일
SBS가 처음으로 디지털방송을 송출한 뒤 그해 11월 5일에 KBS와 EBS
가 디지털방송을 송출하였고 12월 2일에는 MBC가 디지털방송의 송출
을 개시하였다. 또한 2002년 3월 1일에 디지털위성본방송이 개시되었다.

물론 아직 초보수준의 단계이지만 어느덧 우리가 제대로 인식하지 못
하는 사이에 벌써 디지털방송의 환경은 우리 생활에 깊숙이 들어와 있
다. 아직은 수도권 중심으로만 방송이 이루어지고 있으나 2003년에는 광
역시로 확대되고 2004년에는 도청소재지로 확대되며 2005년에 전국 지
역으로 확대된다. 더구나 2003년에는 케이블도 디지털방송을 개시하고
2010년이 되면 기존의 모든 아날로그방송이 중단되고 모든 방송은 디지
털방송이 될 예정이다. 현재 한국의 디지털 TV방송 추진의 최대 관심사

---

43) 김대호, 양방향TV, 나남, 2002, 94~97쪽.

는 디지털방송 표준방식의 선정이다. 현재 위성디지털방송은 유럽식방
식을 채용하고 있고 지상파디지털방송은 미국방식으로 정부에서 정하였
으나 민간단체와 방송국 등의 반대에 부딪히고 있고 케이블디지털방송
에서는 아직 표준방식을 확정짓지 못하고 있다. 또한 지상파방송의 경우
에는 디지털방송의 본방송실시 후 5년간 의무적으로 기존의 아날로그방
송과 디지털방송을 동시에 실시하여야 하므로 디지털방송을 위한 기자
재 및 이중방식의 방송제작을 위한 재원의 마련이 관건이다.44)

2. 상호작용광고의 개황

1) 주요 개념의 인식

상호작용이란 인간이 주어진 환경에서 행하는 사물 사람 존재물에
대한 모든 행위를 뜻하며 이러한 행위의 가능성을 제공하는 매체를 상
호작용매체라고 말한다.45)

상호작용성은 특히 컴퓨터로 매개된 의사소통에서 중요한 개념으로
활발히 논의되어 왔다. 상호작용성은 일련의 의사소통의 교환 속에서
뒤이어 나오는 메시지의 전달이 그 이전에 전달된 메시지를 통한 의사
소통에 연관되는 정도라고 정의된다. 보다 세부적으로는 이것이 쌍방
향통신과 이후의 메시지가 이전메시지에 관련되는 순환적 상황 그리고
어떤 행위가 미디어의 내용이나 형태에 영향을 미칠 정도를 충분한 상
호작용성이라고 하기도 한다.46)

---

44) 김영석, *디지털미디어와 사회*, 나남, 2001, 357~365.
45) Lombard, M. & Synder-Duch, J., Interactive *Advertising and presence: A Framework*, Journal of Interactive Advertising, 2001, pp.23~25.

또한 라이스는 상호작용성을 의사소통이 실시간 혹은 비동시적으로 인간에게 의사소통의 속도나 구조 혹은 내용에 대한 통제력을 갖도록 하는 것이라고 했다.47) 또한 그는 상호작용성을 통제성과 역할의 교환 그리고 상호적 대화로 이루어진 삼차원구조로 해석하였다. 이때의 통제성은 의사소통행위의 내용과 시기와 순서적 흐름 등에 대한 것과 대안검색과 내용물의 저장이나 변환 등에 있어서의 통제력을 말하고 역할의 교환은 메시지전달자와 수용자 간의 역할을 주고받는 것을 의미한다. 상호적 대화는 갑과 을이 대화할 때 을에 대한 갑의 반응이 먼저 일어난 대화에서 을의 갑에 대한 반응에 좌우되면서 순차적으로 발생하는 것을 의미한다.

한편 역할교환 측면을 강조하여 상호작용성이 메시지전달자와 수용자 간의 쌍방향 의사소통이며 보다 넓게는 다수의 메시지전달자들과 수용자들 간에 일어나는 다방면의 의사소통이라고 하기도 한다.48)

그리고 로저스는 개인 간 대화의 관점에서 상호작용성을 의사소통과정의 참여자들이 역할을 교환할 수 있고 상호간 대화에 대한 통제를 가할 수 있는 정도로써 설명하였는데49) 실제로 많은 의사소통학자들이 개인 간 의사소통을 상호작용성의 표준으로 삼으면서 매개된 의사소통이 개인 간 의사소통요소를 얼마나 잘 반영하느냐에 따라 매체의 상호작용성을 평가하기도 한다.

---

46) Rafaeli, Interactivity: *From new media to communications*, *Newburry* CA: Sage, 1988, pp.110~134.

47) Rice, R., *New media: Growth and integration, in the new media*, Beverly Hills, CA: Sage, 1984, pp.33~54.

48) Pavlou, P. & Stewart, D, *Measuring the Effects and Effectiveness of Interactive Advertising: A Research Agenda*, Journal of Interactive Advertising, 2000, pp.18~25.

49) Rodgers, S. & Thorson, E., *The Interactive Advertising Model: How users Perceive and Process Online Ads*, Journal of Interactive Advertising, 2000, pp.23~28.

또한 다중매체상황에서 상호작용성이 사용자에게 어떤 내용을 언제 어떻게 전달받을지에 대해 능동적으로 선택하고 결정할 수 있도록 하는 것이라고도 하고 사용자의 필요와 기술적 세련도에 따라 각기 다양한 수준의 상호작용성이 존재한다고 한다.50) 이를테면 1단계는 매체가 사용자에게 내용물에 대한 접근을 허용하는 단계를 말한다. 예를 들면 텔레비전에서 사용자가 켜고 끄거나 간단한 채널선택 등을 할 수 있는 수준을 말한다. 2단계는 사용자가 필요와 직감에 따라 프로그램 안에서 자기 스스로의 행로를 선택할 수 있는 수준을 뜻한다. 예를 들면 컴퓨터로 작업을 할 때 내용물에 대한 선택 및 접근이 가능할 뿐 아니라 컴퓨터에서 연주곡들의 순서를 뒤바꾸는 것같이 사용자가 정보처리의 순서를 조작하거나 편집하여 기존자료의 형태를 변화시켜 저장하는 경우 등이 2단계에 속한다고 할 수 있다. 3단계는 다소 이론적인 수준에 가까우며 가장 높은 수준의 상호작용성을 구현하는 단계로 볼 수 있다. 이 단계에서는 사용자가 저자가 되어 내용물을 자유자재로 바꿀 수 있으며 사용자가 누구냐에 따라 경험하는 내용의 경험이 각기 달라질 수 있다.

수동적인 매체로 머물러 있던 TV는 디지털기술의 채용과 통신 컴퓨터 인터넷의 융합으로 보다 능동적이고 상호작용서비스를 구현하는 똑똑한 TV로 진화하고 있다. 이처럼 시청자에게 조정력과 통제력을 갖게 하여 상호작용을 실현하는 TV방송을 상호작용 TV라고 한다. 디지털 TV방송이 이러한 상호작용 TV의 중심이 되고 있다.

이상에서 정보 혹은 물리적 세계에서의 어떤 요소들에 대한 사용자의 〈조정과 통제〉 가능성이 상호작용성의 핵심적인 개념으로 자리 잡고 있음을 알 수 있다. 이 조정과 통제의 개념은 광고에 있어서 상호작용성을 규정하는 데에도 나타난다. 예컨대 상호작용성은 근원적으로 정보의 조정력과 통제력에 있으며 전통적인 광고에서 소비자가 수동적

---

50) Strain, J, Interactivity in Multimedia Applications, 1997, online, www.deakin.edu.au/~agoodman/sci204/lecture8-98.html.

이고 일방적으로 제품정보에 노출되었던 데 반해서 상호작용광고에서는 소비자가 능동적으로 보고자 원하는 제품정보를 취사선택 할 수 있는 특성을 갖는다.

상호작용광고는 전통적인 광고처럼 수동적으로 노출되는 것이 아니라 시청자가 능동적으로 광고정보의 탐색여부를 통제할 수 있는 형태를 의미한다. 상호작용 TV광고는 상호작용 TV에서 위와 같은 조정력과 통제력이 제공되는 모든 광고물로 정의할 수 있다. 상호작용 TV가 제공하는 광고기능을 중심으로 보다 구체적으로 살펴보면 일반방송 중에는 프로그램이나 광고전송 중에 상호작용광고의 메시지를 함께 보낼 수 있으며 인터넷서비스를 제공하는 상호작용 TV에서는 인터넷광고형태처럼 띠형광고의 형태가 상호작용 TV광고라고 할 수 있다. 데이터방송 서비스에서는 데이터방송에서 제공되는 동영상광고와 띠형광고 등이 상호작용 TV광고가 될 수 있다. 보다 협의의 정의로 상호작용 TV광고를 〈소비자가 광고시청 중 광고물에 대한 평가나 브로슈어와 카탈로그 등 추가정보를 요청하거나 상품견본이나 할인권 등 판매촉진활동에 대한 참여를 가능하게 하며 그리고 직접적인 상품의 구매 등을 TV 리모콘을 통해 할 수 있게 하는 새로운 광고기법〉이라고 규정하기도 한다.[51]

따라서 이상의 논의들을 종합하여 보면 상호작용광고는 시청자의 자발적 수용의사를 근간으로 광고시청 중의 시청자가 조정력과 통제력을 갖고 상호작용이 가능한 형태의 광고라고 할 수 있다.

2) 상호작용광고의 유형

시장조사 전문기관의 포리스터리서치사의 연구원인 버노프는 디지털

---

51) 이시훈 김세철, 인터랙티브 TV광고의 도입과 지상파방송광고의 위상, 광고연구, 2001, 52호, 218~219쪽.

TV방송에서 사용되는 상호작용광고를 전자프로그램안내광고와 울타리광고광고 그리고 선택광고로 구분하였다.[52] 전자프로그램안내는 디지털 TV방송에서 수많은 채널을 채널번호로 기억할 수 없는 시청자들의 시청편의를 증진시키기 위하여 채널별 방송일정과 장르별 구분 그리고 청소년의 시청가능여부 등에 관련된 정보를 제시해 주는 서비스를 말한다. 시청자는 리모컨의 화살표버튼을 이용하여 손쉽게 프로그램을 검색하고 선택할 수 있는 것이다. 여기에서 광고수익이 발생할 수 있는 것은 전자프로그램 안내 초기화면과 이어지는 검색화면 일부분에 인터넷의 띠형광고형태와 유사한 광고나 동영상광고를 삽입하는 것이 가능하기 때문인데 여기에 삽입되는 광고를 전자프로그램안내광고라고 한다.

울타리광고는 디지털 TV방송을 통하여 인터넷 내용을 이용하는 것과 비슷한 상황이지만 인터넷처럼 자유롭게 모든 정보에 접속할 수 있는 것이 아니라 사업자가 구성해 놓은 조직화된 내용만 이용할 수 있는 데이터서비스를 말한다. 그래서 〈울타리가 있는 정원〉이라고 부르는 것이며 각 내용제공 화면의 일부에 역시 띠형광고형태의 광고나 동영상광고를 제공하게 되는데 이런 광고를 울타리광고광고라고 한다.

끝으로 선택광고는 기존광고에 상호작용 기능을 부여하여 리모컨을 누르면 부가적인 정보를 볼 수 있고 카탈로그나 할인쿠폰의 요청뿐만 아니라 상품의 주문이 가능한 형태의 광고를 말한다. 향후 상호작용광고가 활성화될 경우 가장 큰 광고매출이 발생할 분야로 전체상호작용광고에서 차지하는 비중이 점차 증가하여 2005년에는 60% 이상이 될 것으로 예측하고 있다.

이외에도 한국에서는 ① 디지털 TV에서 실현될 수 있는 상호작용광고를 전자프로그램안내 화면에 삽입하는 띠형광고와 동영상광고 그리고 ② TV프로그램에 부가되는 상호작용광고 및 광고에 부가되는 상

---

52) Bernoff, *Smarter Television*, Forrester Resarch. Inc. 2000. Report. pp.18~22.

호작용광고와 ③ 전통적인 광고 한편에 타겟세분화된 상호작용광고 여러 편을 한꺼번에 연결시켜 시청자가 선택하여 볼 수 있게 하는 목표집단세분화광고로 구분하기도 한다.[53]

3) 관련시장의 규모 및 전망

포리스트리서치는 세계적으로 2000년에 587억 원 수준이던 상호작용 TV광고비가 2001년 4,109억 원으로 증가하였고 2005년에는 20조원 규모로 성장할 것으로 예측하고 있다. 상호작용 TV광고를 전자프로그램안내광고와 울타리광고광고 그리고 선택광고로 구분하여 시장을 전망하고 있다.

〈표 1〉 상호작용 TV광고비의 규모 및 향후 예측

(단위: 억원)

구 분	2000년	2001년	2002년	2003년	2004년	2005년
프로그램 안내 (EPG)	341	2,362	7,921	14,966	21,240	25,063
월드 가든 (Walled Garden)	170	1,362	7,502	18,515	30,822	45,855
선택광고 (Click-Ad)	69	386	2,112	20,994	76,671	129,866
총 계	587	4,109	17,535	54,475	128,732	200,784

출처: 포리스트 리서치, 2000. 7

한국의 경우 아직까지 정확하게 시장규모를 예측할 수 없는 상황이지만 전 세계 상호작용 TV광고시장 규모의 1% 정도의 점유율을 차지

---

53) 고장원, 쌍방향광고의 예상모델, 광고계동향, 한국광고단체연합회, 2001.

할 것으로 예상되고 있다. 이러한 예상을 그대로 적용할 경우 2005년
도에 약 2,000억 원 정도의 시장이 형성된다고 할 수 있다.[54] 더구나
2010년에는 디지털방송만이 존재하게 됨으로 상호작용TV 광고시장은
폭발적으로 성장할 것이다.

기술적인 측면에서 볼 때 상호작용 TV광고의 성장요인으로는 디지
털방송의 등장을 꼽을 수 있다. 디지털방송이 가능해지면서 아날로그
방송의 상호작용서비스보다 고화질동영상의 다양한 상호작용 기능이
가능해졌다. 또 디지털 TV로 전환되는 이 전 단계에서의 디지털 셋탑
박스[55]의 발전 역시 상호작용 TV광고의 성장과 무관하지 않으며 셋
탑박스에 내장되는 미들웨어[56]와 각종 상호작용서비스 적용프로그램의
개발과 진보 역시 상호작용 TV광고의 성장요인으로 꼽을 수 있다.

소비자의 측면에서 보면 인터넷 이용자의 증가에 따라 상호작용서비
스를 경험한 집단이 증가하게 되고 이들의 상호작용욕구가 TV시청상
황으로까지 확대되면서 상호작용의 수요가 증가하고 있다는 점이 가장
큰 성장요인이라고 할 수 있다. 이러한 시청자들은 광고를 보면서 더
자세한 정보를 즉각적으로 검색하기를 원하며 즉각적인 상품구매도 낯
설지 않은 집단이라고 할 수 있다. 특히 노년층과 주부층이 TV라는
친숙한 이용환경을 배경으로 상호작용광고와 TV전자상거래[57]에 참여
하게 될 경우 관련업계의 성장은 가속화될 것으로 예견된다.

광고주의 측면에서는 경제적이고 새로운 유통채널의 확보와 첨단광
고기법의 도입을 통한 이미지제고 및 구매증대와 즉각적인 광고효과

---

54) DTV Plus, 국내 인터랙티브 TV광고와 전자상거래 규모 예측, 2001, 내부
   보고서.
55) 셋탑박스는 설정장치라 표현할 수 있다.
56) 미들웨어는 디지털 TV방송을 자유롭게 사용할 수 있게 하는 운영프로그
   램이다.
57) T-Commerce의 번역으로 TV를 이용하여 상품이나 서비스를 직접 주문
   및 구매를 하는 전자상거래 비즈니스를 일컫는다.

측정을 위한 마케팅조사수단으로의 활용 등이 가능하기 때문에 상호작용 TV광고가 성장하는 데 중요한 축을 담당할 것으로 예상된다. 특히 여성시청자 노인시청자 등을 주요 표적으로 할 경우 광고주들에게 상호작용 TV광고는 다른 매체보다 더욱 매력적인 수단이 될 것이다.

디지털지상파와 디지털위성방송 플랫폼사업자 그리고 디지털케이블방송의 프로그램제공업자를 포함한 매체사의 측면에서 보면 상호작용 TV광고는 새로운 수익원이 될 수 있고 데이터방송서비스를 위한 내용구성의 제작비용을 충당하기 위하여 상호작용 TV광고를 적극적으로 유치해야 한다는 점이 상호작용 TV광고의 성장요인이라고 할 수 있다. 선택광고와 TV전자상거래 등이 방송산업에 있어서 새로운 수익모델이 될 것이며 시청자의 응답자료를 수집하여 전달하고 재가공 및 분석하는 사업도 유망한 분야가 될 수 있다.

끝으로 광고매체요인으로 도달률과 상호작용성을 동시에 갖추고 있다는 점이 상호작용 TV광고가 성장할 수 있는 요인이 될 것이다. 전통적인 광고매체인 TV와 라디오 그리고 신문과 잡지는 신종매체라고 할 수 있는 인터넷에 비해 높은 도달률 이 장점이지만 상호작용성은 낮은 위치에 있다. 그래서 전통적인 광고매체들은 상호작용성이 높은 광고매체인 인터넷의 영역 안에서 인터넷방송과 웹진 그리고 전자 신문의 형태로 대응하고 있는 것이다. 그러나 인터넷은 낮은 도달률 때문에 광고주들이 광고매체로 높은 평가를 하고 있지는 않다. 인터넷광고의 한계와 광고중단 및 인터넷광고비에 대한 저평가 등은 이러한 맥락에서 이해될 수 있는 현상이다. 이에 반해 상호작용 TV광고는 높은 도달률과 높은 상호작용을 동시에 확보할 수 있다는 점에서 가장 성장성이 높이 평가되는 광고매체인 것이다.[58]

---

58) 이시훈 김세철, *인터랙티브 TV광고의 도입과 지상파방송광고의 위상*, 광고연구, 2001, 제52호, 220~222쪽.

IV. 실태분석

1. 조사분석의 방법

1) 용어인식

(1) 기대수준에 영향을 미치는 요인

(가) 개인요인

개인적 특성과 태도에 관한 요인으로 디지털방송관여도 혁신기술수용성 편의성인식 유용성인식 사전경험 등이 포함된다.

① 디지털방송관여도

고객이 해당서비스에 자신이 어느 정도 관련되어 있다고 느끼는지에 따라 기대수준이 영향을 받는다. 따라서 디지털방송관여도는 디지털 TV방송서비스에 대하여 자신이 어느 정도 관련되어 있다고 느끼는지에 관한 것으로 디지털 TV방송서비스를 받고 싶은 욕구의 정도와 디지털방송에 대한 관심의 정도로 이를 측정하였다.

② 혁신기술수용도

표적집단면접결과 디지털 TV방송은 최신 디지털기술이 활용된 새로운 개념의 방송서비스이므로 최신기술이나 이를 활용하여 만든 신제품을 개인별로 어느 정도로 신속히 수용하는지의 정도인 혁신기술수용도에 영향을 받는다는 의견이 제안되었다. 이는 기존의 디지털제품에 대한 수용시점을 측정하여 파악하였다.

③ 사용편의성인식

사용편의성지각은 특정시스템을 사용하는 데 있어 노력이 필요 없다고 개인이 지각하는 정도를 의미한다. 이러한 사용편의성에 대한 인식이 디지털 TV방송에 대한 태도로서의 기대에 영향을 미칠 수 있다는 가정하에 이 연구에서는 디지털 TV방송에 대해 편리할 것이라고 인식하는 정도로 측정하였다.

④ 유용성지각

유용성지각은 특정시스템을 사용하는 것은 자신이 하는 일의 수행을 제고할 것이라고 개인이 믿는 정도로 정의된다. 본 연구에서는 디지털 TV방송을 유용하다고 생각하는 정도로 측정하였다.

⑤ 인터넷경험

고객의 특정서비스에 대한 경험이나 또는 관련한 유사한 서비스에 대한 경험이 기대에 영향을 미친다고 한다. 이에 디지털 TV방송의 특화된 서비스인 상호작용 서비스를 제공하는 인터넷에 대한 사전경험을 측정하였다.

(나) 외부요인

기대수준에 영향을 미치는 외부요인으로서 외적요인은 대안인식 구전경험 디지털의 의미 주변상황 정부정책지원 등을 포함하였다.

① 대안서비스에 대한 인식

고객이 특정서비스를 받을 수 있는 경쟁과 대안을 인식하느냐에 따라 서비스에 대한 기대수준이 영향을 받는다. 이에 디지털 TV방송의 서비스영역에서 경쟁관계에 있는 인터넷방송과 웹 TV방송에 대한 인식을 측정하였다.

② 디지털방송에 대한 구전경험

고객이 서비스에 대한 기대를 형성하는 데 구전은 강력한 원천이 된
다. 구전으로부터 얻어진 정보는 고객의 기대를 형성하거나 강화하는
역할을 하는 것이다. 이에 디지털 TV방송에 관련하여 주위에서 얘기
를 어느 정도 들었는지 무엇이 가장 큰 특징이라고 들었는지를 측정하
였다.

③ Digital용어에 대한 선입견

표적집단면접의 결과 고객들은 디지털이라는 용어에 고정적인 이미
지가 형성되었을 경우 디지털이란 용어가 들어가는 서비스에 대한 선
입견을 가지게 되어 이것이 디지털 TV방송에 대한 기대수준에도 영향
을 미친다고 하였다. 이에 디지털이란 용어에 대한 기존기술과의 차별
적 인식정도를 측정하였다.

④ 주변상황

고객이 처한 사회적인 주변상황에 따라 기대수준이 영향을 받는다.
자신의 선택에 대하여 주변에서 동조할 때 기대수준이 더욱 높아진다.
본 연구에서는 디지털 TV방송을 피험자 주변에서는 얼마나 많이 신청
하고 있다고 인식하는지를 측정하였다.

⑤ 정부정책

표적집단면접의 결과 한국의 고객들은 정부정책과 지원의 정도가 서
비스의 실현과 품질에 대한 기대에 영향을 미친다고 한다. 이를테면
정부의 정책지원이 많을수록 서비스에 대한 기대가 높아진다는 것이
다. 이에 디지털 TV방송에 대한 정부의 정책지원에 대한 인식을 측정
하였다.

(다) 기업요인

기업에 의해 기대수준에 영향을 미치는 요인은 다양하지만 본 연구에서는 기대이론과 표적집단면접의 결과에서 공통되는 요인인 가격과 디지털방송에 대한 광고의 노출을 포함하였다.

① 가격인식

일반적으로 가격이 높다고 생각할수록 서비스에 대한 기대수준이 올라간다고 한다. 표적집단면접에서도 고객이 가격을 비싸다고 느끼는지 또는 싸다고 느끼는지에 따라 방송에 거는 기대도 달라질 것이라는 의견이 개진되었다. 따라서 본 연구에서는 디지털 TV방송서비스를 받기 위하여 지불해야 하는 가격에 대한 인식을 측정하였다.

② 디지털방송광고의 노출

기대에 영향을 미치는 기업요인으로 기업이 고객에게 하는 약속을 고객이 어떻게 인식하고 있느냐가 중요하다. 표적집단면접에서도 고객이 광고를 통해 어떤 메시지를 인식하고 있는지가 디지털방송에 대한 기대에 영향을 미친다는 의견이 개진되었다. 이에 디지털 TV방송서비스를 제공하는 디지털 TV방송의 광고에 노출된 정도와 광고를 통하여 디지털방송서비스에 대한 기업약속의 인식을 측정하였다.

(2) 기대수준

기대는 어떤 서비스성과에 대해 소비자가 가지고 있는 사전적 신념으로 실제 서비스성과를 평가하는 표준과 준거가 된다. 기대의 정도를 나타내는 기대수준은 희망기대수준과 적정기대수준이 있다. 희망기대수준은 제공받을 서비스에 대한 희망수준으로서 바람과 소망을 뜻한다. 적정기대수준은 고객이 수용할 수 있는 성과의 최하수준을 의미한다. 본 연구에서는 기대수준을 디지털 TV방송을 통해 받고자 희망하는 서비스에 대한 바람의 정도라고 정의하고 7점 척도를 이용하여 측정하였다.

(3) 관여도

본 연구에서는 관여도의 대상은 제품자체로서 가장 간단하나 포괄적인 제품관여도에 대해 다루고 있다. 이러한 제품관여도는 마케팅 분야에서 주로 이용되는 관여도로서 〈특정제품에 대하여 소비자가 갖는 관심과 중요성의 정도〉라고 정의할 수 있다. 본 연구에서 제품관여도측정의 문항은 차이코프스키에 의하여 제안된 7점어의 변별척도로 측정되는 20개 항목을 참조로 문항을 작성하였다.

표적집단면접과 에프시비그리드(FCB Grid)모델에서 고관여제품으로 선정된 자동차와 저관여제품으로 선정된 청량음료에 대해서 어떻게 생각하는지를 묻는 항목에 대하여 7점 척도를 사용하여 측정하였다.

(4) 광고유형과 상호작용광고

본 연구에서 광고유형은 ① 기존방식으로서 일방통행의 메시지전달 형태인 기존광고와 ② 광고에 쿠폰이나 카다로그 주문 등의 내용이 삽입되어 리모콘으로 클릭하여 반응할 수 있는 선택광고와 ③ 프로그램 중 특정내용을 클릭하였을 때 팝업창으로 광고가 뜨는 프로그램삽입광고 그리고 ④ 인터넷사이트처럼 특정제품 관련한 정보와 광고가 별도 채널로 구성되어있는 울타리광고광고 등 디지털 TV방송에서 활용되는 대표적인 4가지 유형으로 분류하여 사용하였다. 이 중 선택광고와 프로그램삽입광고 그리고 울타리광고광고를 상호작용광고로 구분하였다.

(5) 광고효과

본 연구에서는 광고효과는 광고효과의 위계모형을 기초로 광고효과의 측정치로 광고에 대한 태도와 상표에 대한 태도 그리고 구매의도로 측정하였다.

① 광고에 대한 태도

광고에 대한 태도는 특정광고물에 호의적 혹은 비호의적으로 반응하는 성향으로 정의된다. 이를테면 광고에 대한 태도는 광고에 대한 전반적인 태도가 아니라 특정 광고물에 대한 태도인 것이다. 본 연구에서도 광고에 대한 태도는 제시된 광고물에 대한 호의적 태도라고 정의하였다.

② 상표에 대한 태도

본 연구에서 상표에 대한 태도란 광고를 본 후 피험자들이 광고에서 소구하는 상표에 대해 호의적 비호의적으로 반응하는 성향으로 정의하였다.

③ 구매의도

본 연구에서 구매의도란 광고를 보고 피험자들이 제품을 구매하고 싶은 경향으로 정의하였다.

2) 연구모형

디지털 TV에서의 광고는 여러 가지 요인들에 의하여 영향을 받게 된다. 기대이론의 선행연구에 의하면 서비스에 대한 기대는 태도와 구매의도에 영향을 미치고 기대에의 일치와 불일치는 고객만족과 불만족을 유발한다. 이런 측면에서 새롭게 시작되고 있는 디지털 TV방송서비스에 대한 고객의 기대가 어떠하고 그러한 기대에 영향을 미치는 요인이 무엇인지를 파악하는 작업이 광고유형별 효과를 측정하는 데 매우 중요할 것이다. 서비스기대에 영향을 미치는 요인들은 서비스기대이론에서 제시된 요인들뿐만 아니라 혁신기술수용성모형에서 태도에 직접 영향을 미친다고 제안된 유용성지각과 편의성인식 그리고 표적집단면접을 통하여 도출된 요인들을 포함하여 분석하였다.

관여도이론에 의하면 제품에 대한 관여도에 따라 고객의 정보처리과정에 차이가 생기고 이는 광고에의 노출의지와 상호작용에 영향을 미쳐서 광고효과에도 영향을 미친다. 따라서 TV의 특성과 인터넷과 같은 상호작용성을 모두 갖추고 있는 디지털 TV방송에서 제품관여도가 광고유형별 광고효과에 영향을 미치는지를 파악할 필요가 있다.

이러한 관점의 실증연구를 위하여 서비스기대의 영향요인이론과 표적집단면접 및 사전조사결과와 혁신기술수용모형 그리고 관여이론과 정교화가능성모형 및 광고효과 매개역할모형을 기초로 다음과 같은 연구모형을 설계하였다.

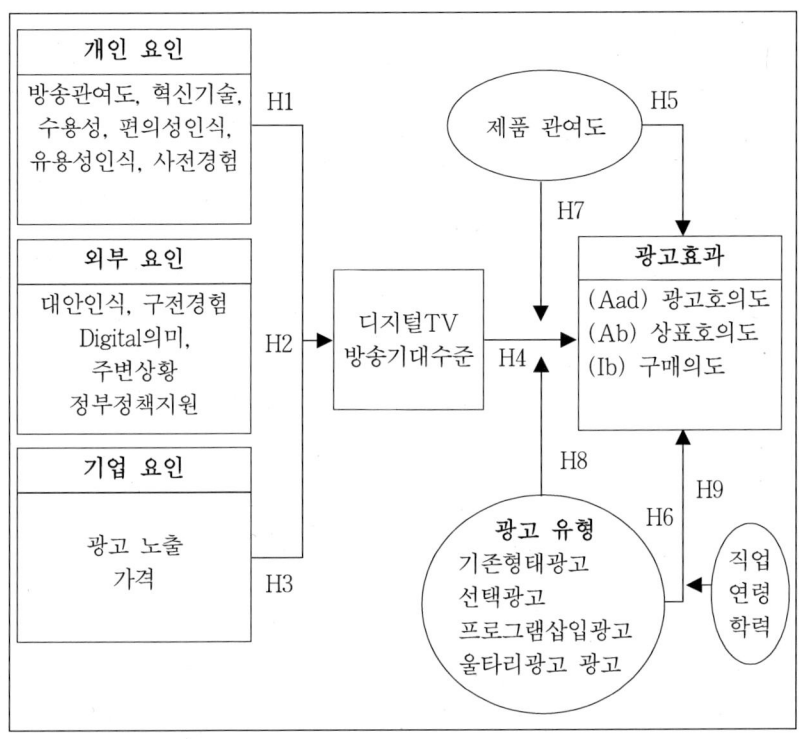

〈그림 3〉 연구모형: 디지털 TV방송에서의 광고효과 영향요인 모형

이 연구모형을 토대로 다음과 같은 연구가설을 설정하였다.

H1. 개인요인이 디지털 TV방송에 대한 기대수준에 정(+)의 유의
　　한 영향을 미칠 것이다.

H2. 외부요인이 디지털 TV방송에 대한 기대수준에 정(+)의 유의
　　한 영향을 미칠 것이다.

H3. 기업요인이 디지털 TV방송에 대한 기대수준에 정(+)의 유의
　　한 영향을 미칠 것이다.

H4. 디지털 TV방송에 대한 기대수준은 상호작용광고효과에 정(+)
　　의 유의한 영향을 미칠 것이다.

H5. 제품관여도는 상호작용광고효과에 정(＋)의 유의한 영향을 미칠
  것이다.

H6. 광고전달유형에 따라 광고효과는 차이가 있을 것이다.

H7. 관여도수준과 디지털 TV방송기대수준에 따라 상호작용광고효
  과는 차이가 있을 것이다.

H8. 광고유형과 디지털 TV방송기대수준에 따라 광고효과는 차이가
  있을 것이다.

H9. 직업 연령 학력수준과 광고유형에 따라 광고효과는 차이가 있을
  것이다.

3) 예비조사

  본 조사에 앞서 대학생 10명 직장인 10명 주부 10명을 대상으로 사
전조사를 실시하여 측정도구의 신뢰성과 타당성을 분석하였다.

  사전연구에서 사용된 측정항목들에 대한 내부적 일관성을 검정하기
위하여 알파계수를 산출하였는데 전체변수별 신뢰도계수가 0.62 이상으
로 나타나 측정항목들 간 내부적 일관성이 확보되었다고 할 수 있다.

〈표 2〉 신뢰도검증표

구 분		문항수	Alpha
디지털 TV 방송관련 요인	개인 요인	7	0.6603
	외부 요인	8	0.6282
	기업 요인	2	0.6902
디지털 TV 방송기대 수준		6	0.7987
관여도	고관여도	3	0.6448
	저관여도	3	0.6670
광고효과	기존 광고효과	6	0.8554
	클릭 광고효과	6	0.8643
	프로그램 광고효과	6	0.8232
	울타리광고 광고효과	6	0.8322
	상호작용 광고효과	18	0.8589
	광고효과 전체	24	0.8417
광고 호의도		8	0.8321
제품 호의도		8	0.8632
구매 의향		8	0.8511

자료원: 설문지 신뢰도 분석

또한 사전연구에서 측정도구가 개념적 타당성을 가지는가를 검증하기 위하여 요인분석을 실시하였다. 요인추출은 주성분분석을 이용하였고 초기에 파악한 요인들의 의미를 좀 더 명확히 해석하기 위하여 직각회전방식인 베리막스로테이션방식을 사용하였다. 요인추출의 준거기준은 고유값이 1.0 이상인 요인만을 선택하였으며 요인 적재치가 0.4 이상인 항목들만 포함시켰다. 요인분석결과 6개의 요인이 추출되었는데 각각 요인 1(기대수준) 요인 2(외부요인) 요인 3(기업요인) 요인 4(개인요인) 요인 5(제품관여도) 요인 6(광고효과)으로 분류하였다. 요인점수의 분산설명력은 기대수준이 17.02%로 가장 높았고 전체 분산설명력은 79.249%로 비교적 높은 편이다.

〈표 3〉 요인분석결과표

전체분산 설명력: 79.249(%)

문항	항목측정	요인 1 기대수준	요인 2 기대수준	요인 3 기대수준	요인 4 기대수준	요인 5 기대수준	요인 6 기대수준
Ⅲ-6	컨텐츠기대	.861					
Ⅲ-5	화질,음질기대	.854					
Ⅲ-3	상호작용기대	.818					
Ⅲ-4	상호작용광고기대	.672					
Ⅲ-1	차별서비스기대	.532					
Ⅱ-13	정책지원		.886				
Ⅱ-16	주변상황		.568				
Ⅱ-11	디지털방송 구전		.567				
Ⅱ-15	디지털용어 의미		.469				
Ⅱ-7	인터넷방송인식		.462				
Ⅱ-8	웹TV인식		.428				
Ⅱ-12	상호작용 구전		.410				
Ⅱ-9	광고노출			.820			
Ⅱ-14	가격			.683			
Ⅱ-10	광고내용인지			.459			
Ⅰ-9	혁신기술수용성				.750		
Ⅱ-4	인터넷사용경험				.626		
Ⅱ-1	디지털방송필요성				.632		
Ⅱ-6	편리성인식				.606		
Ⅱ-2	유용성지각				.507		
Ⅱ-3	디지털방송관심도				.440		
Ⅱ-5	인터넷정보탐색				.415		
Ⅳ-4	청량음료관심					.710	
Ⅳ-5	청량음료중요도					.675	
Ⅳ-2	자동차중요도					.652	
Ⅳ-1	자동차관심					.608	
Ⅴ-2	상표호의도						.782
Ⅴ-1	광고호감도						.586
Ⅴ-3	구매의도						.575
	아이겐값	4.821	3.888	3.772	3.241	2.985	2.811
	분산율	17.026	15.572	14.478	12.320	10.878	8.975
	누적분산율	17.026	32.598	47.076	59.396	70.274	79.249
	Alpha값	.7987	.6282	.6902	.6603	.6559	.8417

자료원: 설문지 요인분석

4) 실태조사

가설을 검증하기 위하여 실태연구를 실시하였는데 연구설계는 2(고관여제품/저관여제품)x4(기존광고/선택광고/프로그램삽입광고/울타리광고광고)의 피험자 내 요인설계였다.

(1) 연구대상의 선정

본 연구의 모집단은 20세 이상으로 TV를 주 5시간 이상 시청하는 서울 및 경기도 내에 거주하는 남녀로 선정하였다. 이는 디지털 TV방송의 고객특성과 실제 디지털방송이 2002년부터 서비스되는 지역을 고려한 것이다. 이에 본 실험은 표본집단이 모집단의 인구통계적인 특성에 편중되지 않고 적절히 반영되도록 하기 위하여 실험자집단이 모집단의 특성을 대표하는 대학생 직장인 주부집단에서 각기 100명씩을 할당하여 총 300명을 추출하였다. 직업분포 소득분포 성별분포 학력분포 연령분포 디지털 TV시청유무 등 피험자를 골고루 선정하기 위하여 집단별로 특성을 가지고 있는 대학생 직장인 주부 그룹으로 할당하여 피험자를 선정하였다.

본 연구의 실험대상자의 일반적 특성은 총 300명 중 성별로는 여자가 55.3%로 남자 44.7%보다 많았다. 연령별로는 40대 이상이 46.7%로 가장 많았으며 다음으로 20대가 38.7%, 30대 4.7% 순으로 나타났다. 직업별로는 직장인이 37.3%로 가장 높은 분포를 보였으며 다음으로 대학(원)생 32.7%, 주부 30.0% 순으로 나타났다.

소득별로는 100만 원 이하가 21.3%로 가장 많았고 다음으로 201~300만 원 18.7%, 401만 원 이상 17.3%, 301~400만 원 16.7%, 101~200만 원 14.0% 순으로 나타났으며 소득이 없는 경우는 12.0%를 차지하였

다. 학력별로는 대졸 이상이 40.7%로 가장 높은 분포를 보였으며 다음
으로 대학재학 중 34.7%, 고졸 이하 24.7% 순으로 나타났다. 거주지역
별로는 서울이 78.0%로 대부분을 차지하였고 다음으로 수도권 10.0%,
신도시 6.0% 순으로 나타났으며 인천지역은 0.7%로 매우 적었다.

　디지털 TV시청여부를 보면 디지털 TV를 시청하지 않는 시민이
88.7%로 대부분을 차지하였으며 디지털 TV를 시청하는 시민은 11.3%
로 나타났다. 디지털 TV소유 여부별로는 디지털 TV를 소유하고 있지
않은 시민이 92.7%로 대부분을 차지하였으며 디지털 TV를 소유하고
있는 시민은 7.3%로 나타났다.

〈표 4〉 연구대상자의 구조적 특성

구 분		빈도(명)	백분율(%)
성 별	남	134	44.7
	여	166	55.3
연 령	20대	116	38.7
	30대	44	14.7
	40대 이상	140	46.7
직 업	대학(원)생	98	32.7
	주 부	90	30.0
	직장인	112	37.3
소 득	100만 원 이하	64	21.3
	101~200만 원	42	14.0
	201~300만 원	56	18.7
	301~400만 원	50	16.7
	401만 원 이상	52	17.3
	소득 없음	36	12.0
학 력	고졸 이하	74	24.7
	대 재	104	34.7
	대졸 이상	122	40.7
거주 지역	서 울	234	78.0
	신도시	18	6.0
	수도권	30	10.0
	인 천	2	0.7
	기 타	16	5.3
디지털TV 시청 여부	예	34	11.3
	아니오	266	88.7
디지털TV 소유 여부	예	22	7.3
	아니오	278	92.7
계		300	100.0

자료원: 설문항목 Ⅰ. 1~Ⅰ. 8.

(2) 연구방법의 전개

(가) 연구제품의 선정

본 연구에 사용된 연구제품은 대표적인 고관여제품인 자동차로는 소나타를 선정하였고 대표적인 저관여제품인 청량음료로는 포카리스웨트를 선정하였다. 두 제품 모두 현재 각기 해당시장에서 높은 시장점유율을 보이고 있을 뿐더러 높은 브랜드인지도를 가지고 있기 때문에 피험자 간의 제품자체에 대한 인식의 차이가 최소화되어 연구제품으로 적합하다고 판단되었다.

(나) 연구광고물

연구광고물은 자동차와 청량음료별로 기존광고 선택광고 프로그램삽입광고 울타리광고광고 4가지 유형의 디지털 TV광고를 총 8편 제작하여 활용하였다.

(3) 연구절차

본 연구는 선별한 피험자를 상호작용이 포함된 디지털 TV광고를 실현할 수 있는 연구실로 초청하여 진행하였다. 피험자는 1차로 ① 인구통계학적 정보와 ② 디지털 TV방송기대수준에 영향을 미치는 요인 ③ 디지털 TV방송에 대한 기대수준 ④ 연구제품에 대한 관여도에 관한 설문에 응답하게 하였다.

2차에서는 본 실증연구가 진행되었는데 피험자는 10명씩 연구실에서 자동차와 청량음료제품이 각기 포함된 4가지 유형의 광고를 순차적으로 1개씩 경험하고 난후 각기 광고에 대한 효과에 관한 설문에 답하게 하였다. 조사 후 피험자에게 보상품이 지급되었다.

(4) 연구자료분석

본 연구의 자료분석은 SPSS/PC+Windows 9.0을 이용하여 통계 처리하였고 분석기법은 상관관계분석과 분산분석(ANOVA)을 실시하였다.

2. 조사분석의 결과

1) 개인요인과 기대수준의 관계

개인요인은 디지털 TV방송에의 기대수준에 영향을 미칠 것이라는 〈가설 1〉을 검증한 결과이다. 먼저 방송시청욕구는 차별서비스기대 상호작용 방송기대 상호작용광고기대 내용구성다양성기대 및 전체적인 디지털 TV방송기대수준과 통계적으로 유의미한 정적 상관관계를 보인 반면에 화질 및 음질기대와 서비스수준예상과는 통계적으로 유의미한 상관관계를 보이지 않았다. 따라서 디지털 TV방송에 대한 시청욕구가 높을수록 차별서비스기대와 상호작용 방송기대 상호작용광고기대 구성내용다양성기대 그리고 디지털 TV방송기대수준이 높은 것으로 나타났다. 유용성인식은 차별서비스기대와 상호작용 방송기대 상호작용광고기대 화질 및 음질기대 구성내용다양성기대 그리고 디지털 TV방송기대수준과 통계적으로 유의미한 정적 상관관계를 보인 반면에 서비스수준의 예상과는 통계적으로 유의미한 상관관계를 보이지 않았다. 따라서 디지털 TV방송에의 유용성에 대한 인식이 높을수록 차별서비스기대와 상호작용 방송기대 상호작용광고기대 내용구성다양성기대 그리고 디지털 TV방송기대수준이 높은 것으로 나타났다.

방송관여도는 차별적 서비스의 기대를 비롯하여 상호작용 방송기대 상호작용광고기대 화질 및 음질기대 내용구성다양성기대 서비스수준예상 그리고 디지털 TV방송기대수준과 통계적으로 유의미한 정적 상관관계를 보였다. 따라서 디지털 TV방송에 대한 관여도가 높을수록 차별서비스기대와 상호작용 방송기대 상호작용광고기대 내용다양성기대 서비스수준예상 그리고 디지털 TV방송기대수준이 높은 것으로 나타났다.

인터넷사용정도와 사전경험은 차별서비스기대 상호작용광고기대 화질 및 음질기대 다양성기대 그리고 기대수준과는 통계적으로 유의미한 상관관계를 보이지 않았으나 상호작용 방송기대와는 통계적으로 유의미한 정적 상관관계를 보였고 서비스 수준예상과는 통계적으로 유의미한 부적 상관관계를 보였다. 따라서 인터넷사용과 사전경험이 많을수록 상호작용 방송에 대한 기대수준은 높았으며 서비스수준에 대한 예상은 낮은 것으로 나타났다.

편의성의식은 차별서비스기대와 상호작용 방송기대 상호작용광고기대 화질 및 음질기대 컨텐츠다양성기대 서비스수준예상 그리고 디지털 TV방송기대수준과 통계적으로 유의미한 정적 상관관계를 보였다. 따라서 편의성에 대한 의식이 높을수록 차별 서비스기대와 상호작용 방송기대 상호작용광고기대 다양성기대 서비스수준예상 그리고 디지털 TV방송기대수준이 높은 것으로 나타났다.

혁신기술수용성은 차별서비스기대와 상호작용 방송기대 화질 및 음질기대 내용구성다양성기대 서비스수준예상 그리고 디지털 TV방송기대수준과 통계적으로 유의미한 정적 상관관계를 보였으나 상호작용광고기대와는 통계적으로 유의미한 상관관계를 보이지 않았다. 따라서 혁신기술에 대한 수용성이 높을수록 차별서비스기대와 상호작용 방송기대 컨텐츠다양성기대 서비스수준예상 그리고 디지털 TV방송기대수준이 높은 것으로 나타났다.

디지털 TV방송의 개인요인은 차별서비스기대와 상호작용 방송기대 상호작용광고기대 화질 및 음질기대 내용다양성기대 서비스수준예상 그리고 디지털 TV방송기대수준과 통계적으로 유의미한 정적 상관관계를 보였다. 따라서 디지털 TV방송개인요인에 대한 인식이 높을수록 차별서비스기대와 상호작용 방송기대 상호작용광고기대 내용다양성기대 서비스수준예상 그리고 디지털 TV방송기대수준이 높은 것으로 나타났다.

이상과 같이 방송시청욕구 유용성인식 방송관여도 사전경험 편의성의식 혁신기술 수용성 그리고 디지털 TV방송개인요인에 대한 인식이 높을수록 디지털 TV방송기대 수준은 높은 것으로 나타났다. 따라서 디지털 TV방송개인요인은 디지털 TV방송기대 수준에 영향을 미칠 것이라는 〈가설 1〉이 지지되었음을 알 수 있다.

〈표 5〉 개인요인과 디지털 TV방송기대수준의 관계

구 분	방송시청 욕구	유용성 인식	방송 관여도	인터넷 사용정도	사전 경험	편의성 의식	혁신기술 수용성	개인요인 전체
차별 서비스기대	0.258** (0.001)	0.277** (0.001)	0.309*** (0.000)	0.160 (0.050)	0.154 (0.060)	0.350*** (0.000)	0.224** (0.006)	0.400*** (0.000)
상호작용 방송기대	0.192* (0.019)	0.287*** (0.000)	0.177* (0.030)	0.205* (0.012)	0.185* (0.023)	0.226** (0.006)	0.187* (0.022)	0.329*** (0.000)
상호작용 광고기대	0.286*** (0.000)	0.367*** (0.000)	0.337*** (0.000)	0.111 (0.176)	0.128 (0.118)	0.215** (0.008)	0.156 (0.057)	0.333*** (0.000)
화질, 음질기대	0.135 (0.099)	0.195* (0.017)	0.168* (0.040)	0.144 (0.078)	0.094 (0.250)	0.198* (0.015)	0.318*** (0.000)	0.201* (0.014)
내용구성 다양성기대	0.276** (0.001)	0.161* (0.049)	0.194* (0.017)	0.112 (0.172)	0.077 (0.348)	0.322*** (0.000)	0.222** (0.006)	0.272** (0.001)
서비스 수준 예상	0.114 (0.166)	0.139 (0.091)	0.217** (0.008)	-0.234** (0.004)	-0.190* (0.020)	0.307*** (0.000)	0.195* (0.017)	0.017 (0.833)
기대 수준 전체	0.292*** (0.000)	0.331*** (0.000)	0.327*** (0.000)	0.104 (0.205)	0.096 (0.245)	0.377*** (0.000)	0.299*** (0.000)	0.354*** (0.000)

자료원: 설문 Ⅰ.9, Ⅱ.1~Ⅱ.6, Ⅲ.1~Ⅲ.6
주: * p<.05, ** p<.01, *** p<.001

2) 외부요인과 기대수준의 관계

디지털 TV방송외부요인은 디지털 TV방송기대수준에 영향을 미칠 것이라는 〈가설 2〉를 검증한 결과이다. 인터넷방송대안인식은 차별서비스기대와 상호작용 방송기대 상호작용광고기대 화질 및 음질기대 내용구성다양성기대 서비스수준예상 그리고 디지털 TV방송기대수준과 통계적으로 유의미한 상관관계를 보이지 않았다. 웹TV대안의 인식은 차별서비스기대와 상호작용 방송기대 화질 및 음질기대 내용다양성기대 서비스수준예상 그리고 디지털 TV방송기대수준과 통계적으로 유의미한 상관관계를 보이지 않았으나 상호작용광고기대와는 통계적으로 유의미한 정적 상관관계를 보였다. 따라서 웹TV대안에 대한 인식이 높을수록 상호작용광고에 기대수준이 높은 것으로 나타났다.

광고인식은 차별서비스기대와 통계적으로 유의미한 정적 상관관계를 보였고 상호작용 방송기대 상호작용광고기대 화질 및 음질기대 내용다양성기대 서비스수준예상 그리고 디지털 TV방송기대수준과는 통계적으로 유의미한 상관관계를 보이지 않았다. 따라서 광고에 대한 인식이 높을수록 차별서비스에 대한 기대수준이 높은 것으로 나타났다.

구전경험은 차별서비스기대와 상호작용광고기대 서비스수준예상 그리고 기대수준과 통계적으로 유의미한 정적 상관관계를 보였으며 상호작용 방송기대와 화질 및 음질기대 그리고 내용다양성기대와 통계적으로 유의미한 상관관계를 보이지 않았다. 구전경험이 많을수록 차별서비스기대와 상호작용광고기대 서비스수준예상 그리고 디지털 TV방송기대수준이 높은 것으로 나타났다.

상호작용구전은 차별서비스기대와 상호작용 방송기대 상호작용광고기대 그리고 기대수준과 통계적으로 유의미한 정적 상관관계를 보였으며 화질 및 음질기대와 내용다양성기대 서비스수준예상과는 통계적으

로 유의미한 상관관계를 보이지 않았다. 따라서 상호작용구전이 많을
수록 차별서비스기대와 상호작용 방송기대 상호작용광고기대 그리고
디지털 TV방송기대수준이 높은 것으로 나타났다.

정책지원에 대한 인식은 차별서비스기대와 상호작용광고기대 화질
및 음질기대 그리고 서비스수준예상과는 통계적으로 유의미한 상관관
계를 보이지 않았으나 상호작용 방송기대와 내용구성다양성기대 그리
고 기대수준과는 통계적으로 유의미한 정적 상관관계를 보였다. 따라
서 정책지원에 대한 인식이 높을수록 상호작용 방송기대와 내용다양성
기대 그리고 디지털 TV방송기대수준이 높은 것으로 나타났다.

디지털의미는 차별서비스기대와 상호작용 방송기대 상호작용광고기
대 화질 및 음질기대 내용구성다양성기대 서비스수준예상 그리고 디지
털 TV방송기대수준과 통계적으로 유의미한 정적 상관관계를 보였다.
따라서 디지털의미에 대한 이해가 높을수록 차별서비스기대와 상호작
용 방송기대 상호작용광고기대 내용다양성기대 서비스 수준예상 그리
고 디지털 TV방송기대수준이 높은 것으로 나타났다.

주변상황은 차별서비스기대와 상호작용 방송기대 상호작용광고기대
화질 및 음질기대 내용다양성기대와는 통계적으로 유의미한 상관관계
를 보이지 않았으나 서비스수준예상과 디지털 TV방송기대수준과는 통
계적으로 유의미한 정적 상관관계를 보였다. 따라서 주변상황에 대한
인식이 높을수록 서비스수준예상과 디지털 TV방송기대수준이 높은 것
으로 나타났다.

디지털 TV방송외부요인은 차별서비스기대와 상호작용 방송기대 상
호작용광고기대 화질 및 음질기대 내용구성다양성기대 서비스수준예상
그리고 디지털 TV방송기대수준과 통계적으로 유의미한 정적 상관관계
를 보였다. 따라서 디지털 TV방송외부요인에 대한 인식이 높을수록
차별서비스기대와 상호작용 방송기대 상호작용 방송광고기대 내용구성
다양성기대 서비스수준예상 그리고 디지털 TV방송기대수준이 높은 것

으로 나타났다.

이상과 같이 구전경험과 상호작용구전 정책지원에 대한 인식 디지털의 의미 주변상황 그리고 디지털 TV방송외부요인에 대한 인식이 높을수록 디지털 TV방송기대수준은 높은 것으로 나타났다. 따라서 디지털 TV방송외부요인은 디지털 TV방송기대수준에 영향을 미칠 것이라는 〈가설 2〉는 지지되었음을 알 수 있다.

〈표 6〉 외부요인과 디지털 TV방송의 기대수준과의 관계

구 분	인터넷 방송 대안인식	웹TV 대안인식	광고 인식	구전 경험	상호작용 구전	정책지원에 대한 인식	디지털의 의미	주변 상황	외부요인 전체
차별 서비스기대	0.043 (0.605)	0.041 (0.619)	0.180* (0.027)	0.188* (0.021)	0.185* (0.024)	0.159 (0.052)	0.565*** (0.000)	0.177* (0.030)	0.323*** (0.000)
상호작용 방송기대	0.094 (0.252)	0.070 (0.392)	0.363 (0.130)	0.130 (0.113)	0.273** (0.001)	0.162* (0.047)	0.468*** (0.000)	0.143 (0.080)	0.301*** (0.000)
상호작용 광고기대	0.081 (0.322)	0.181* (0.027)	0.116 (0.159)	0.180* (0.028)	0.254** (0.002)	0.127 (0.122)	0.302*** (0.000)	0.098 (0.235)	0.289*** (0.000)
화질, 음질기대	0.068 (0.408)	0.054 (0.510)	0.177 (0.030)	0.131 (0.167)	-0.010 (0.902)	0.137 (0.094)	0.422*** (0.000)	-0.071 (0.385)	0.182* (0.026)
내용구성 다양성기대	0.080 (0.328)	0.059 (0.470)	0.087 (0.288)	0.108 (0.187)	0.080 (0.329)	0.169* (0.039)	0.475*** (0.000)	0.071 (0.385)	0.230** (0.005)
서비스 수준 예상	0.025 (0.760)	0.008 (0.918)	0.051 (0.536)	0.314*** (0.000)	0.124 (0.129)	0.083 (0.314)	0.307*** (0.000)	0.248** (0.002)	0.250** (0.002)
기대 수준 전체	0.090 (0.273)	0.097 (0.238)	0.156 (0.057)	0.246** (0.002)	0.214** (0.009)	0.192* (0.019)	0.587*** (0.000)	0.161* (0.049)	0.366*** (0.000)

자료원: 설문지 II.7~II.8, II.11~II.13, II.15~II.16, III.1~III.6
주: * p<.05, ** p<.01, *** p<.001

3) 기업요인과 기대수준의 관계

기업요인은 디지털 TV방송기대수준에 영향을 미칠 것이라는 〈가설

3〉을 검증한 결과이다. 디지털 TV광고노출은 차별서비스기대와 상호
작용 방송기대와는 통계적으로 유의미한 정적 상관관계를 보였고 상호
작용광고기대 화질 및 음질기대 내용다양성기대 서비스수준예상 그리
고 디지털 TV방송기대수준과 통계적으로 유의미한 상관관계를 보이지
않았다. 따라서 디지털 TV광고노출이 높을수록 차별서비스기대와 상
호작용 방송기대는 높은 것으로 나타났다.

　방송가격인식은 차별서비스기대와 상호작용 방송기대 상호작용광고
기대 내용구성다양성기대 그리고 전체기대수준과는 통계적으로 유의미
한 정적 상관관계를 보였고 화질 및 음질기대 서비스수준예상과는 통
계적으로 유의미한 상관관계를 보이지 않았다. 따라서 방송가격에 대
한 인식이 높을수록 차별서비스기대와 상호작용 방송기대 상호작용광
고기대 내용구성다양성기대 그리고 디지털 TV방송에 대한 기대수준이
것으로 나타났다.

　기업요인은 차별서비스기대와 상호작용 방송기대 상호작용광고기대
내용구성다양성기대 그리고 기대수준과는 통계적으로 유의미한 정적
상관관계를 보였고 화질 및 음질기대 서비스수준예상과는 통계적으로
유의미한 상관관계를 보이지 않았다. 따라서 디지털 TV방송기업요인
에 대한 인식이 높을수록 차별서비스기대와 상호작용 방송기대 상호작
용광고기대 내용구성다양성기대 그리고 디지털 TV방송에 대한 기대수
준이 높은 것으로 나타났다.

　이상과 같이 방송가격인식과 디지털 TV방송의 기업요인에 대한 인
식이 높을수록 디지털 TV방송의 기대수준은 높은 것으로 나타났다.
따라서 디지털 TV방송의 기업요인은 디지털 TV방송의 기대수준에
영향을 미칠 것이라는 〈가설 3〉은 지지되었음을 알 수 있다.

〈표 7〉 기업요인과 디지털 TV방송의 기대수준 관계

구 분	디지털TV 광고노출	방송 가격 인식	기업요인 전체
차별 서비스기대	0.266** (0.001)	0.288*** (0.000)	0.351*** (0.000)
상호작용 방송기대	0174* (0.033)	0.237** (0.004)	0.253** (0.002)
상호작용 광고기대	0.070 (0.394)	0.176* (0.031)	0.142 (0.084)
화질, 음질기대	-0.018 (0.831)	0.249 (0.002)	0.109 (0.185)
컨텐츠 다양성기대	0.096 (0.242)	0.244** (0.003)	0.195* (0.017)
서비스 수준 예상	-0.147 (0.072)	0.134 (0.103)	-0.050 (0.543)
기대 수준 전체	0.095 (0.247)	0.304*** (0.000)	0.224** (0.006)

자료원: 설문지 Ⅱ.9~Ⅱ.10, Ⅱ.14, Ⅲ.1~Ⅲ.6
주: * p<.05, ** p<.01, *** p<.001

4) 기대수준과 상호작용광고효과의 관계

디지털 TV방송기대수준은 상호작용광고효과에 영향을 미칠 것이라는 〈가설 4〉를 검증한 결과는 다음과 같다.

(가) 기대수준과 고관여제품의 상호작용광고효과와의 관계

디지털 TV방송기대수준이 고관여제품의 상호작용광고효과에 미치는 영향을 살펴본 결과이다.

먼저 차별서비스기대와 상호작용 방송기대 상호작용광고기대는 선택광고와 프로그램 그리고 전체상호작용광고와 통계적으로 유의미한 정적 상관관계를 보였으나 울타리광고광고와는 통계적으로 유의미한 상관관계를 보이지 않았다. 따라서 차별서비스에 대한 기대와 상호작용방송기대 상호작용광고기대수준이 높을수록 선택광고와 탐색광고 그리고 전체상호작용광고효과는 높은 것으로 나타났다.

화질 및 음질기대는 선택광고와 탐색광고 울타리광고광고 그리고 전체상호작용광고와 통계적으로 유의미한 정적 상관관계를 보였다. 따라서 화질 및 음질에 대한 기대수준이 높을수록 선택광고와 탐색광고 울타리광고광고 그리고 전체상호작용광고효과는 높은 것으로 나타났다.

내용다양성기대는 선택광고와 통계적으로 유의미한 정적 상관관계를 보였으나 탐색광고 울타리광고광고 그리고 전체상호작용광고와 통계적으로 유의미한 상관관계를 보이지 않았다. 따라서 내용다양성에 대한 기대수준이 높을수록 선택광고효과는 높은 것으로 나타났다.

서비스수준예상은 선택광고와 탐색광고 울타리광고광고 그리고 전체상호작용광고와 통계적으로 유의미한 정적 상관관계를 보였다. 따라서 서비스수준에 대한 예상이 높을수록 선택광고와 탐색광고 울타리광고광고 그리고 전체상호작용광고효과는 높은 것으로 나타났다.

전체적으로 기대수준은 선택광고와 탐색광고 울타리광고광고 그리고 전체상호작용광고와 통계적으로 유의미한 정적 상관관계를 보였다. 따라서 디지털 TV방송에 기대수준이 높을수록 선택광고와 탐색광고 울타리광고광고 그리고 전체상호작용광고효과는 높은 것으로 나타났다.

이상과 같이 고관여제품에 있어서는 차별서비스기대와 상호작용 방송기대 상호작용광고기대 내용다양성기대 그리고 기대수준이 높을수록 선택광고 탐색광고 울타리광고광고 그리고 전체상호작용광고효과가 높음을 알 수 있다. 따라서 디지털 TV방송기대수준은 상호작용광고효과에 영향을 미칠 것이라는 〈가설 4〉는 고관여제품에서 지지되었음을 알 수 있다.

〈표 8〉 기대수준과 고관여제품의 상호작용광고효과

구 분	선택광고	탐색광고	울타리광고광고	전체 상호작용광고
차별 서비스기대	0.274** (0.001)	0.261** (0.001)	0.093 (0.257)	0.249** (0.002)
상호작용 방송기대	0.234** (0.004)	0.212** (0.009)	0.023 (0.780)	0.185* (0.023)
상호작용 광고기대	0.316*** (0.000)	0.367*** (0.000)	0.136 (0.096)	0.326*** (0.000)
화질, 음질기대	0.281** (0.001)	0.168* (0.040)	0.200* (0.014)	0.259** (0.001)
내용구성 다양성기대	0.184* (0.024)	0.154 (0.060)	-0.037 (0.652)	0.118 (0.151)
서비스 수준 예상	0.368*** (0.000)	0.323*** (0.000)	0.304*** (0.000)	0.397*** (0.000)
기대 수준 전체	0.388*** (0.000)	0.351*** (0.000)	0.173* (0.035)	0.362*** (0.000)

자료원: 설문지 Ⅲ.1~Ⅲ.6, Ⅳ.1~Ⅳ.3 2Part
주: * $p<.05$, ** $p<.01$, *** $p<.001$

(나) 기대수준과 저관여제품의 상호작용광고효과 관계

디지털 TV 방송기대수준이 저관여제품의 상호작용광고효과에 미치는 영향을 살펴본 결과이다.

차별서비스기대와 상호작용 방송기대는 선택광고 탐색광고 울타리광고광고 그리고 전체상호작용광고효과와 통계적으로 유의미한 상관관계를 보이지 않았다.

상호작용광고기대는 선택광고 탐색광고 울타리광고광고 그리고 전체상호작용광고효과와 통계적으로 유의미한 정적 상관관계를 보였다. 따라서 상호작용광고기대수준이 높을수록 선택광고 탐색광고 울타리광고광고 그리고 전체상호작용광고효과는 높은 것으로 나타났다.

 화질 및 음질기대와 내용구성다양성기대는 선택광고 탐색광고 울타리광고광고 그리고 전체상호작용광고효과와 통계적으로 유의미한 상관관계를 보이지 않았다.

 서비스수준예상은 선택광고 탐색광고 울타리광고광고 그리고 전체상호작용광고효과와 통계적으로 유의미한 정적 상관관계를 보였다. 따라서 서비스수준에 대한 예상수준이 높을수록 선택광고 탐색광고 울타리광고광고 그리고 전체상호작용광고효과는 높은 것으로 나타났다.

 전체적으로 기대수준은 선택광고 탐색광고 그리고 전체상호작용광고효과와 통계적으로 유의미한 정적 상관관계를 보였으며 울타리광고광고와는 통계적으로 유의미한 상관관계를 보이지 않았다. 따라서 디지털 TV방송에 대한 기대수준이 높을수록 선택광고 탐색광고 그리고 전체상호작용광고효과는 높은 것으로 나타났다.

 이상과 같이 저관여제품에 있어서는 상호작용광고기대 서비스수준예상 그리고 디지털 TV방송기대수준이 높을수록 상호작용광고효과가 높음을 알 수 있다. 따라서 디지털 TV방송기대수준은 상호작용광고효과에 영향을 미칠 것이라는 〈가설 4〉는 저관여제품에서 지지되었음을 알 수 있다.

〈표 9〉 기대수준과 저관여제품의 상호작용광고효과

구 분	선택광고	탐색광고	울타리광고광고	전체 상호작용광고
차별 서비스기대	0.113 (0.170)	0.064 (0.437)	-0.008 (0.922)	0.063 (0.446)
상호작용방송 기대	0.144 (0.079)	0.148 (0.070)	0.092 (0.263)	0.148 (0.071)
상호작용광고기대	0.202* (0.013)	0.235** (0.004)	0.166* (0.042)	0.233** (0.004)
화질, 음질기대	0.091 (0.270)	0.100 (0.224)	0.132 (0.107)	0.126 (0.124)
내용구성 다양성기대	0.079 (0.337)	0.072 (0.382)	-0.021 (0.799)	0.048 (0.560)
서비스 수준 예상	0.265** (0.001)	0.244** (0.003)	0.278** (0.001)	0.306*** (0.000)
기대 수준 전체	0.213** (0.009)	0.207* (0.011)	0.155 (0.057)	0.222** (0.006)

자료원: 설문지 Ⅲ.1~Ⅲ.6, Ⅳ.4~Ⅳ.6 2Part
주: * p<.05, ** p<.01, *** p<.001

(다) 전체기대수준과 상호작용광고효과의 관계

디지털 TV방송 전체기대수준이 상호작용광고효과에 미치는 영향을 살펴본 결과다. 전체적으로 기대수준은 선택광고와 탐색광고 울타리광고광고 그리고 상호작용광고와 통계적으로 유의미한 정적 상관관계를 보였다. 따라서 디지털 TV방송에 기대수준이 높을수록 선택광고와 탐색광고 울타리광고광고 그리고 전체상호작용광고효과는 높은 것으로 나타났다. 차별서비스기대와 상호작용 방송기대 상호작용광고기대 화질 및 음질기대 내용다양성기대 서비스예상 그리고 전체기대수준이 높을수록 상호작용광고효과가 높은 것으로 나타났다. 따라서 디지털 TV방송기대수준은 상호작용광고효과에 영향을 미칠 것이라는 〈가설 4〉는 지지되었음을 알 수 있다.

〈표 10〉 전체기대수준과 상호작용광고효과 관계

구 분	선택광고	탐색광고	울타리광고광고	전체 상호작용광고
차별 서비스기대	0.190** (0.001)	0.157** (0.006)	0.039 (0.501)	0.149* (0.010)
상호작용방송기대	0.187** (0.001)	0.178** (0.002)	0.060 (0.304)	0.165** (0.004)
상호작용 광고기대	0.257*** (0.000)	0.297*** (0.000)	0.152** (0.008)	0.276*** (0.000)
화질, 음질기대	0.183** (0.001)	0.132* (0.022)	0.163** (0.005)	0.188** (0.001)
내용구성 다양성기대	0.130* (0.025)	0.111 (0.056)	-0.028 (0.624)	0.080 (0.164)
서비스 수준 예상	0.314*** (0.000)	0.281*** (0.000)	0.289*** (0.000)	0.348*** (0.000)
기대 수준 전체	0.298*** (0.000)	0.274*** (0.000)	0.163** (0.005)	0.287*** (0.000)

자료원: 설문지 Ⅲ.1~Ⅲ.6, Ⅳ.1~Ⅳ.6 2Part
주: * p<.05, ** p<.01, *** p<.001

5) 제품관여도와 상호작용광고효과의 관계

제품의 관여도는 상호작용광고효과에 영향을 미칠 것이라는 〈가설 5〉를 검증한 결과를 살펴본 결과는 다음과 같다.

(가) 고관여제품의 관여도와 상호작용광고효과

고관여제품에 있어서 관여도가 상호작용광고효과에 미치는 영향을 살펴보면 관여도는 선택광고와 탐색광고 울타리광고광고 그리고 전체 상호작용광고와 통계적으로 유의미한 정적 상관관계를 보였다. 따라서 고관여제품에 있어서는 관여도가 높을수록 선택광고와 탐색광고 울타리광고광고 그리고 상호작용광고효과가 높은 것으로 나타났다.

〈표 11〉 고관여제품의 관여도와 상호작용광고효과 관계

구 분	선택광고	탐색광고	울타리광고광고	전체 상호작용 광고
관여도	0.283*** (0.000)	0.131 (0.111)	0.261** (0.001)	0.270** (0.001)

자료원: 설문지 Ⅳ.1~Ⅳ.3 2Part
주: ** p<.01, *** p<.001

(나) 저관여제품의 관여도와 상호작용광고효과

저관여제품에 있어서 관여도가 상호작용광고효과에 미치는 영향을 살펴보면 관여도는 선택광고와 탐색광고 울타리광고광고 그리고 상호작용광고와 통계적으로 유의미한 정적 상관관계를 보였다. 따라서 저관여제품에 있어서는 관여도가 높을수록 선택광고와 탐색광고 울타리광고광고 그리고 상호작용광고효과가 높은 것으로 나타났다.

〈표 12〉 저관여제품의 관여도와 상호작용광고효과 관계

구 분	선택광고	탐색광고	울타리광고광고	전체 상호작용광고
관여도	0.355*** (0.000)	0.211* (0.010)	0.182* (0.026)	0.286*** (0.000)

자료원: 설문지 Ⅳ.3~Ⅳ.6 2Part
주: * p<.05, *** p<.001

(다) 전체관여도와 상호작용광고효과 관계

전체관여도의 상호작용광고효과에 미치는 영향을 살펴보면 전체관여도는 선택광고와 탐색광고 울타리광고광고 그리고 전체상호작용광고와 통계적으로 유의미한 정적 상관관계를 보였다. 따라서 관여도가 높을수록 선택광고와 탐색광고 울타리광고광고 그리고 상호작용광고효과가 높은 것으로 나타났다.

이상과 같이 관여도는 상호작용광고효과에 영향을 미칠 것이라는 〈가설 5〉는 지지됨을 알 수 있다.

〈표 13〉 전체관여수준과 상호작용광고효과

구 분	선택광고	탐색광고	울타리광고광고	전체 상호작용광고
관여도	0.314*** (0.000)	0.244*** (0.000)	0.230*** (0.000)	0.309*** (0.000)

자료원: 설문지 Ⅳ.1~Ⅳ.6 2Part
주: ** p<.01, *** p<.001

6) 광고유형별 광고효과의 차이

광고유형별로 광고효과는 차이가 있을 것이라는 〈가설 6〉을 검증한 결과는 다음과 같다.

(가) 고관여제품의 광고유형별 광고효과차이

고관여제품의 광고유형별로 광고효과차이를 살펴본 결과다. 먼저 광고호의도는 선택광고가 가장 높았으며 다음으로 울타리광고광고 탐색광고 순으로 높았고 기존광고가 가장 낮았으며 통계적으로도(F=8.00, p<.001)로서 유의미한 차이를 보였다. 제품호의도는 선택광고가 가장 높았으며 다음으로 탐색광고 울타리광고광고 순으로 높았고 기존광고가 가장 낮았으며 통계적으로도(F=9.49, p<.001)로서 유의미한 차이를 보였다. 구매의향은 탐색광고가 가장 높았으며 다음으로 울타리광고광고 선택광고 순으로 높았고 기존광고가 가장 낮았으며 통계적으로(F=19.20, p<.001)로서 의미 있는 차이를 보였다. 전체적으로 광고효과는 선택광고와 탐색광고가 가장 높았으며 다음으로 울타리광고광고 순으로 높았고 기존광고가 가장 낮았으며 통계적으로(F=11.33, p<.001)로서 의미 있는 차이를 보였다.

이상에서 고관여제품을 광고유형별로 광고효과를 살펴본 결과 광고호의도와 제품호의도는 선택광고가 다른 광고유형보다 높았고 구매의향은 탐색광고가 다른 광고유형보다 높았으며 전체광고효과는 선택광고와 탐색광고가 다른 광고유형보다 높았다.

〈표 14〉 고관여제품의 광고유형별 광고효과차이

구 분	기존광고		선택광고		프로그램 광고		울타리광 고 광고		전 체		F	p
	M	SD	M	SD	M	SD	M	SD	M	SD		
광고호의도	4.28	1.59	5.02	1.31	4.76	1.19	4.84	1.36	4.72	1.39	8.00***	0.000
제품호의도	4.22	1.44	5.02	1.31	4.76	1.19	4.72	1.37	4.68	1.36	9.49***	0.000
구매의향	3.62	1.36	4.23	1.28	4.76	1.19	4.26	1.35	4.22	1.36	19.20***	0.000
광고효과전체	4.04	1.32	4.76	1.19	4.76	1.19	4.61	1.25	4.54	1.27	11.33***	0.000

자료원: 설문지 Ⅳ.1~Ⅳ.3 2Part
주: *** p<.001

(나) 저관여제품의 광고유형별 광고효과차이

저관여제품의 광고유형별 광고효과를 살펴보면 광고호의도(F=11.64,

p<.001)와 제품호의도(F=9.27, p<.001) 구매의향(F=6.60, p<.001)은 탐색광고가 가장 높았으며 다음으로 울타리광고광고 찍기광고 순으로 높았고 기존광고가 가장 낮았으며 통계적으로도 유의미한 차이를 보였다. 전체적으로 광고효과는 탐색광고가 가장 높았으며 다음으로 울타리광고광고, 선택광고 순으로 높았고 기존광고가 가장 낮았으며 통계적으로도 (F=10.39, p<.001)로서 유의미한 차이를 보였다.

이상에서 저관여제품의 광고유형별로 광고효과를 살펴본 결과 프로그램 광고가 다른 광고유형보다 광고호의도 제품호의도 구매의향 그리고 전체광고효과가 높은 것으로 나타났고 광고유형별로 유의미한 차이가 있는 것으로 나타났다.

〈표 15〉 저관여제품의 광고유형별 광고효과

구 분	기존광고		선택광고		프로그램 광고		울타리광 고 광고		전 체		F	p
	M	SD	M	SD	M	SD	M	SD	M	SD		
광고호의도	4.14	1.54	4.87	1.29	5.01	1.43	4.93	1.50	4.74	1.48	11.64***	0.000
제품호의도	4.16	1.48	4.81	1.40	4.94	1.37	4.85	1.52	4.69	1.47	9.27***	0.000
구매의향	3.75	1.48	4.30	1.48	4.46	1.51	4.33	1.56	4.21	1.53	6.60***	0.000
광고효과 전체	4.01	1.42	4.66	1.27	4.80	1.33	4.70	1.43	4.54	1.39	10.39***	0.000

자료원: 설문지 Ⅳ.1~Ⅳ.6 2Part
주: *** p<.001

(다) 제품전체의 광고유형별 광고효과차이

제품전체의 광고유형별 광고효과를 살펴보면 광고호의도(F=22.54, p<.001)와 제품호의도(F=22.04, p<.001)는 탐색광고가 가장 높았으며 다음으로 선택광고 울타리광고광고 순으로 높았고 기존광고가 가장 낮았으며 통계적으로도 유의미한 차이를 보였다. 구매의향은 탐색광고가

가장 높았으며 다음으로 울타리광고광고 선택광고 순으로 높았고 기존
광고가 가장 낮았으며 통계적으로도 유의미한 차이를 보였다(F=16.61,
p<.001). 전체적으로 광고효과는 탐색광고가 가장 높았으며 다음으로
찍기광고 울타리광고광고 순으로 높았고 기존광고가 가장 낮았으며 통
계적으로도 유의미한 차이를 보였다(F=23.69, p<.001). 이상과 같이 탐
색광고가 다른 광고유형보다 광고호의도와 제품호의도 구매의향 그리
고 광고효과가 높은 것으로 나타났다.

　이상에서 광고유형에 따라 광고효과는 차이가 있을 것이라는 〈가설
6〉은 지지되었음을 알 수 있다.

〈표 16〉 광고유형별 광고효과차이

구 분	기존광고		선택광고		프로그램광고		울타리광고 광고		전 체		F	p
	M	SD	M	SD	M	SD	M	SD	M	SD		
광고호의도	4.21	1.56	4.94	1.30	5.08	1.35	4.88	1.43	4.78	1.45	22.54***	0.000
제품호의도	4.19	1.46	4.92	1.36	5.05	1.32	4.79	1.44	4.73	1.43	22.04***	0.000
구매의향	3.69	1.42	4.27	1.38	4.45	1.43	4.29	1.46	4.17	1.45	16.61***	0.000
광고효과 전체	4.03	1.37	4.71	1.23	4.86	1.27	4.65	1.34	4.56	1.34	23.69***	0.000

자료원: 설문지 Ⅳ.1～Ⅳ.6 2Part
주: *** p<.001

7) 관여도 및 기대수준별 광고효과의 차이

　관여도수준과 디지털 TV방송기대수준에 따라 광고효과는 차이가
있을 것이라는 〈가설 7〉을 검증한 결과는 다음과 같다.

(가) 고관여제품의 관여도수준과 기대수준에 따른 광고효과

고관여제품에 있어서 관여도수준과 디지털 TV방송기대수준에 따라 광고효과를 살펴본 결과는 관여도수준과 디지털 TV방송기대수준이 높을 때 광고효과가 가장 높았으며 관여도수준과 디지털 TV방송기대수준이 낮을 때 광고효과가 가장 낮은 것으로 나타났다.

〈표 17〉 고관여제품의 관여도수준과 기대수준에 따른 광고효과의 평균 및 표준편차

구 분		기대수준			
		고		저	
		MEAN	SD	MEAN	SD
관여도 수준	고	5.17	0.96	4.30	0.81
	저	4.59	0.95	4.01	0.65

자료원: 설문지 Ⅳ.1~Ⅳ.3 2Part

또한 고관여제품에 있어서 관여도수준과 디지털 TV방송기대수준이 광고효과에 미치는 영향을 살펴본 결과는 관여도 수준의 주 효과는 p<.01 수준에서 디지털 TV방송기대수준의 주 효과는 p<.001 수준에 유의미한 영향을 미쳤으며 관여도수준과 디지털 TV방송의 기대수준의 상호작용효과는 유의미한 영향을 미치지 않는 것으로 나타났다. 이상에서 관여도수준과 디지털 TV방송기대수준에 따라 고관여제품의 광고효과는 차이가 있음을 알 수 있다.

〈표 18〉 고관여제품의 관여도수준과 기대수준에 따른 광고효과 변량분석

Source	DF	Sum of Squares	Mean Square	F	p
관여도	1	6.748	6.748	9.23**	0.003
기대수준	1	18.287	18.287	25.02***	0.000
관여도*기대수준	1	0.699	0.699	0.96	0.330
잔 차	146	106.723	0.731		
전 체	149	140.682			

자료원: 설문지 Ⅳ.1～Ⅳ.3 2Part
주: ** p<.01, *** p<.001

(나) 저관여제품의 관여도수준과 기대수준에 따른 광고효과의 차이

저관여제품에 있어서 관여도수준과 디지털 TV방송기대수준에 따라 광고효과를 살펴본 결과는 관여도수준과 디지털 TV방송기대수준이 높을 때 광고효과가 가장 높았으며 관여도수준과 디지털 TV방송기대수준이 낮을 때 광고효과가 가장 낮은 것으로 나타났다.

〈표 19〉 저관여제품의 관여도수준과 기대수준에 따른 광고효과 평균과 표준편차

구 분		기대수준			
		고		저	
		MEAN	SD	MEAN	SD
관여도 수준	고	5.31	0.97	4.46	1.13
	저	4.26	1.04	4.11	0.98

자료원: 설문지 Ⅳ.4～Ⅳ.6 2Part

또한 저관여제품에 있어서 관여도수준과 디지털 TV방송기대수준이
광고효과에 미치는 영향을 살펴본 결과 관여도의 주 효과는 p<.001 수준
에서 디지털 TV방송기대수준의 주 효과는 p<.01 수준에서 관여도수준
과 디지털 TV방송의 기대수준의 상호작용효과는 p<.05 수준에서 유의
미한 영향을 미치는 것으로 나타났다. 따라서 관여도와 디지털 TV방송
기대수준에 따라 저관여제품의 광고효과는 차이가 있음을 알 수 있다.

〈표 20〉 저관여제품의 관여도수준과 기대수준에 따른 광고효과 변량분석

Source	DF	Sum of Squares	Mean Square	F	p
관여도	1	17.971	17.971	17.06***	0.000
기대수준	1	9.282	9.282	8.81**	0.004
관여도*기대수준	1	4.551	4.551	4.32*	0.039
잔 차	146	153.845	1.054		
전 체	149	187.507			

자료원: 설문지 Ⅳ.4~Ⅳ.6 2Part
주: * p<.05, ** p<.01, *** p<.001

(다) 전체관여도수준과 기대수준에 따른 광고효과차이

전체관여도수준과 디지털 TV방송에의 기대수준에 따른 광고효과차
이를 살펴보면 전체관여도수준과 디지털 TV방송기대수준이 높을 때
광고효과가 가장 높았으며 관여도수준이 높고 기대수준이 낮을 때와
관여도수준과 기대수준이 낮을 때가 관여도 수준이 낮고 기대수준이
높을 때보다 광고효과가 낮은 것으로 나타났다.

〈표 21〉 전체관여도수준과 기대수준에 따른 광고효과 평균과 표준편차

구 분		기대수준			
		고		저	
		MEAN	SD	MEAN	SD
관여도 수준	고	5.20	1.00	4.19	1.06
	저	4.34	0.94	4.20	0.73

자료원: 설문지 Ⅳ.1~Ⅳ.6 2Part

또한 전체관여도수준과 디지털 TV방송기대수준이 광고효과에 미치는 영향을 살펴본 결과 전체관여도수준과 디지털 TV방송기대수준의 주 효과와 전체관여도수준과 디지털 TV방송기대수준의 상호작용효과 모두 p<.001 수준에서 유의미한 영향을 미치는 것으로 나타났다.

이상과 같이 관여도수준과 디지털 TV방송기대수준에 따라 광고효과는 차이가 있는 것으로 나타났다. 따라서 관여도수준과 디지털 TV방송기대수준에 따라 광고효과는 차이가 있을 것이라는 〈가설 7〉은 지지되었음을 알 수 있다.

〈표 22〉 전체관여도수준과 기대수준에 따른 광고효과 변량분석

Source	DF	Sum of Squares	Mean Square	F	p
관여도	1	13.396	13396	14.90***	0.000
기대수준	1	23.861	23.861	26.55***	0.000
관여도*기대수준	1	13.665	13.665	15.20***	0.000
잔 차	296	266.067	0.899		
전 체	299	328.272			

자료원: 설문지 Ⅳ.1~Ⅳ.6 2Part
주: *** p<.001

8) 광고유형 및 기대수준별 광고효과의 차이

광고유형과 디지털 TV방송기대수준에 따라 광고효과는 차이가 있을 것이라는 〈가설 8〉을 검증한 결과는 다음과 같다.

(가) 고관여제품의 광고유형과 기대수준에 따른 광고효과차이

고관여제품에 있어서 광고유형과 디지털 TV방송기대수준에 따라 광고효과를 살펴본 결과 기대수준이 높은 경우의 선택광고와 탐색광고가 광고효과가 가장 높았으며 기대수준이 낮은 경우의 기존광고가 광고효과가 가장 낮은 것으로 나타났다.

〈표 23〉 고관여제품의 광고유형과 기대수준에 따른 광고효과 평균과 표준편차

구 분		기대수준			
		고		저	
		MEAN	SD	MEAN	SD
광고유형	기존광고	4.51	1.43	3.47	0.91
	선택광고	5.21	1.11	4.21	1.06
	탐색광고	5.21	1.11	4.21	1.06
	울타리광고광고	4.80	1.67	4.37	1.05

자료원: 설문지 Ⅲ.1~Ⅲ.6, Ⅳ.1~Ⅳ.3 2Part

또한 고관여제품에 있어서 광고유형과 디지털 TV방송기대수준이 광고효과에 미치는 영향을 살펴본 결과 광고유형의 주 효과와 기대수준의 주 효과는 $p < .001$ 수준에서 유의미한 영향을 미쳤으며 광고유형과 기대수준의 상호작용효과는 유의미한 영향을 미치지 않는 것으로 나타났다. 따라서 광고유형과 디지털 TV방송기대수준에 따라 고관여

제품의 광고효과는 차이가 있음을 알 수 있다.

〈표 24〉 고관여제품의 광고유형과 기대수준에 따른 광고효과의 변량분석

Source	DF	Sum of Squares	Mean Square	F	p
광고 유형	3	52.801	17.600	13.10***	0.000
기대수준	1	113.288	113.288	84.29***	0.000
관여도*기대수준	3	9.536	3.179	2.37	0.070
잔 차	592	795.691	1.344		
전 체	599	970.888			

자료원: 설문지 III.1~III.6, IV.1~IV.3 2Part
주: *** p<.001

(나) 저관여제품의 광고유형과 기대수준에 따른 광고효과차이

저관여제품에 있어서 광고유형과 디지털 TV방송기대수준에 따라 광고효과를 살펴본 결과 기대수준이 높은 경우의 탐색광고가 광고효과가 가장 높았으며 기대수준이 낮은 경우의 기존광고가 광고효과가 가장 낮은 것으로 나타났다.

〈표 25〉 저관여제품의 광고유형과 기대수준에 따른 광고효과 평균과 표준편차

구 분		기대수준			
		고		저	
		MEAN	SD	MEAN	SD
광고유형	기존광고	4.24	1.48	3.75	1.29
	선택광고	4.88	1.36	4.39	1.11
	탐색광고	5.06	1.31	4.49	1.31
	울타리광고광고	4.90	1.45	4.46	1.37

자료원: 설문지 III.1~III.6, IV4~IV.6 2Part

또한 저관여제품에 있어서 광고유형과 디지털 TV방송기대수준이
광고효과에 미치는 영향을 살펴본 결과 광고유형의 주 효과와 기대수
준의 주 효과는 p<.001 수준에서 유의미한 영향을 미쳤으며 광고유형
과 기대수준의 상호작용효과는 없는 것으로 나타났다. 이상에서 광고
유형과 디지털 TV방송기대수준에 따라 저관여제품의 광고효과는 차이
가 있음을 알 수 있다.

〈표 26〉 저관여제품의 광고유형과 기대수준에 따른 광고효과 변량분석

Source	DF	Sum of Squares	Mean Square	F	p
광고 유형	3	57.202	19.067	10.55***	0.000
기대수준	1	36.825	36.825	20.37***	0.000
관여도*기대수준	3	0.342	0.114	0.06	0.979
잔 차	592	1070.480	1.808		
전 체	599	1165.550			

자료원: 설문지 Ⅲ.1~Ⅲ.6, Ⅳ4~Ⅳ.6 2Part
주: *** p<.001

(다) 제품전체의 광고유형과 기대수준에 따른 광고효과

제품전체의 광고유형과 디지털 TV방송기대수준에 따른 광고효과를
분석해 본 결과 기대수준이 높은 경우의 프로그램 광고가 광고효과가
가장 높았으며 기대수준이 낮은 경우의 기존광고가 광고효과가 가장
낮은 것으로 나타났다.

〈표 27〉 광고유형과 기대수준에 따른 광고효과 평균과 표준편차

구 분		기대수준			
		고		저	
		MEAN	SD	MEAN	SD
광고유형	기존광고	4.38	1.33	3.61	0.91
	선택광고	5.05	1.10	4.30	0.92
	탐색광고	5.18	1.06	4.46	0.98
	울타리광고광고	4.85	1.22	4.42	1.12

자료원: 설문지 Ⅲ.1~Ⅲ.6, Ⅳ.1~Ⅳ.6 2Part

또한 광고유형과 디지털 TV방송기대수준이 광고효과에 미치는 영향을 살펴본 결과 광고유형의 주 효과와 기대수준의 주 효과는 p<.001 수준에서 유의미한 영향을 미쳤으며 광고유형과 기대수준의 상호작용 효과는 유의미한 영향을 미치지 않는 것으로 나타났다.

이상과 같이 광고유형과 디지털 TV방송기대수준에 따라 광고효과는 차이가 있는 것으로 나타났다. 따라서 광고유형과 디지털 TV방송 기대수준에 따라 광고효과는 차이가 있을 것이라는 〈가설 8〉은 지지되었음을 알 수 있다.

〈표 28〉 제품전체 광고유형과 기대수준에 따른 광고효과의 변량분석

Source	DF	Sum of Squares	Mean Square	F	p
광고유형	3	60.504	20.168	16.70***	0.000
기대수준	1	66.289	66.289	54.89***	0.000
관여도*기대수준	3	2.677	0.892	0.74	0.529
잔 차	592	714.888	1.208		
전 체	599	844.197			

자료원: 설문지 Ⅲ.1~Ⅲ.6, Ⅳ.1~Ⅳ.6 2Part
주: *** p<.001

9) 시청자 특성 및 광고유형별 광고효과의 차이

직업과 연령 학력수준과 광고유형에 따라 광고효과는 차이가 있을
것이라는 〈가설 9〉를 검증한 결과는 다음과 같다.

(가) 직업과 광고유형에 따른 광고효과

직업과 광고유형에 따라 광고효과를 살펴본 결과 울타리광고광고를
보여준 주부가 광고효과가 가장 높았으며 기존광고를 보여준 학생이
광고효과가 가장 낮은 것으로 나타났다.

〈표 29〉 직업과 광고유형에 따른 광고효과 평균과 표준편차

구 분		직 업					
		학 생		주 부		직장 인	
		MEAN	SD	MEAN	SD	MEAN	SD
광고유형	기존광고	3.37	0.97	4.62	1.35	3.87	1.15
	선택광고	4.41	0.99	5.28	0.99	4.51	1.09
	탐색광고	4.70	1.01	5.40	0.97	4.55	1.07
	울타리광고광고	4.10	1.13	5.48	0.97	4.48	1.07

자료원: 설문지 Ⅰ.3 2Part

또한 직업과 광고유형이 광고효과에 미치는 영향을 살펴본 결과 광고유형과 직업의 주 효과는 $p<.001$ 수준에서 유의미한 영향을 미쳤으며 광고유형과 직업의 상호작용효과는 유의미한 영향을 미치지 않는 것으로 나타났다. 이상에서 광고유형과 직업에 따라 광고효과는 차이가 있음을 알 수 있다.

〈표 30〉 직업과 광고유형에 따른 광고효과 변량분석

Source	DF	Sum of Squares	Mean Square	F	p
광고유형	3	60.595	20.198	17.68***	0.000
직 업	2	105.170	52.585	46.03***	0.000
광고유형*직업	6	6.872	1.145	1.00	0.423
잔 차	588	671.813	1.143		
전 체	599	844.197			

자료원: 설문지 Ⅰ.3 2Part
주: *** $p<.001$

(나) 연령과 광고유형에 따른 광고효과

연령과 광고유형에 따라 광고효과를 살펴본 결과는 프로그램 광고와 울타리광고광고를 보여준 40대 이상이 광고효과가 가장 높았으며, 기존광고를 보여준 20대가 광고효과가 가장 낮은 것으로 나타났다.

〈표 31〉 연령과 광고유형에 따른 광고효과 평균과 표준편차

구 분		연 령					
		20대		30대		40대 이상	
		MEAN	SD	MEAN	SD	MEAN	SD
광고유형	기존광고	3.70	0.94	4.27	1.68	4.22	1.32
	선택광고	4.44	0.93	4.83	1.05	4.89	1.19
	탐색광고	4.68	0.99	4.92	1.08	4.99	1.15
	울타리광고광고	4.14	1.13	4.87	1.10	5.01	1.14

자료원: 설문지 Ⅰ.2 2Part

또한 연령과 광고유형이 광고효과에 미치는 영향을 살펴본 결과 광고유형과 연령의 주 효과는 $p < .001$ 수준에서 유의미한 영향을 미쳤으며 광고유형과 연령의 상호작용효과는 유의미한 영향을 미치지 않는 것으로 나타났다. 이상에서 광고유형과 연령에 따라 광고효과는 차이가 있음을 알 수 있다.

〈표 32〉 연령과 광고유형에 따른 광고효과 변량분석

Source	DF	Sum of Squares	Mean Square	F	p
광고유형	3	43.770	14.590	11.62***	0.000
연 령	2	39.482	19.741	15.72***	0.000
광고유형*연령	6	5.990	0.998	0.80	0.574
잔 차	588	738.383	1.256		
전 체	599	844.197			

자료원: 설문지 Ⅰ.2 2Part
주: *** p<.001

(다) 학력과 광고유형에 따른 광고효과

학력과 광고유형에 따라 광고효과를 살펴본 결과는 울타리광고광고를 보여준 고졸 이하가 광고효과가 가장 높았으며 기존광고를 보여준 대학재학생이 광고효과가 가장 낮은 것으로 나타났다.

〈표 33〉 학력과 광고유형에 따른 광고효과 평균과 표준편차

구 분		학 력					
		고졸 이하		대 재		대졸 이상	
		MEAN	SD	MEAN	SD	MEAN	SD
광고유형	기존광고	4.84	1.28	3.74	1.03	3.78	1.12
	선택광고	5.36	1.01	4.46	1.01	4.52	1.05
	탐색광고	5.39	1.07	4.75	1.01	4.62	1.05
	울타리광고광고	5.46	1.02	4.20	1.18	4.56	1.07

자료원: 설문지 Ⅰ.5 2Part

또한 학력과 광고유형이 광고효과에 미치는 영향을 살펴본 결과 광고유형과 학력의 주 효과는 p<.001 수준에서 유의미한 영향을 미쳤으며 광고유형과 학력의 상호작용효과는 유의미한 영향을 미치지 않는 것으로 나타났다. 이상에서 광고유형과 학력에 따라 광고효과는 차이가 있음을 알 수 있다.

〈표 34〉 학력과 광고유형에 따른 광고효과 변량분석

Source	DF	Sum of Squares	Mean Square	F	p
광고유형	3	54.527	18.176	15.71***	0.000
학 력	2	97.605	48.802	42.19***	0.000
광고유형*학력	6	6.022	1.004	0.87	0.518
잔 차	588	680.022	1.157		
전 체	599	844.197			

자료원: 설문지 Ⅰ.5 2Part
주: *** p<.001

이상에서 살펴본 것같이 직업과 연령 학력수준과 광고유형에 따라 광고효과는 차이가 있을 것이라는 〈가설 9〉는 지지되었다.

V. 문제점 및 활성화방향

이상에서 살펴본 디지털 TV방송현황과 실태분석결과 다음과 같은 문제점이 도출되었고 이를 해결하여 디지털 TV방송과 상호작용 방송광고를 활성화하기 위한 방향을 제시코자한다.

1. 문제점의 도출

1) 디지털 TV방송산업의 활성화 대책 미흡

방송과 통신이 융합된 디지털 TV방송산업은 네트워크운영산업 미들웨어산업 콘텐츠산업 금융산업 물류산업 마케팅산업 방송산업 통신산업 인터넷산업이 어우러지는 복합산업이다. 따라서 디지털 TV방송산업의 활성화는 전체 산업의 활성화에 영향을 미칠 만큼 국가경제적인 측면에서도 중요하다. 디지털 TV방송산업에 종래의 TV산업에는 관련하지 않았던 금융산업 물류산업까지 관련되어 있는 것은 TV를 통한 전자상거래가 실시되기 때문이다. 여기에는 물류기업 결제기업 시장조사기업 소매 및 통신 판매기업들까지 관련되게 된다. 따라서 디지털 TV방송산업은 방송영역뿐만 아니라 산업전반에 영향을 미치게 될 것이다. 따라서 디지털 TV방송산업의 활성화는 국가경제의 활성화에도 영향을 미칠 만큼 중요한 의미를 갖게 될 것이다.

이러한 디지털 TV방송산업의 활성화를 위해서는 디지털 TV방송의 원활한 운영을 위한 핵심산업의 육성이 필요하다. 그것은 네트워크 운영산업 미들웨어 산업 콘텐츠산업이 이에 해당한다.

네트워크운영사업은 디지털위성사업자 디지털공중파사업자 디지털케이블사업자로서 상호작용서비스가 가능한 디지털쌍방향방송이 가능하게 장비와 기술을 갖추고 시청자들의 기대수준에 맞는 디지털방송을 운영함으로써 디지털 TV방송 활성화에 기여하게 된다.

미들웨어사업은 디지털 TV방송에서 상호작용 방송서비스가 가능하게 하는 셋톱박스와 소프트웨어를 제작하고 개발하는 사업자로서 이사업 분야의 발전이 디지털 TV방송이 기존의 방송과 차별화된 방송서비스를 제공할 수 있게 하는 주요한 역할을 하게 된다.

콘텐츠사업은 디지털 TV방송에서 상호작용서비스가 포함된 방송프로그램을 제작할 수 있는 기획과 기술을 제공하는 사업체로서 상호작용광고와 마케팅이 가능하게 하는 인프라와 서비스를 제공하는 사업자들로 구성된다. 이 분야가 실제로 시청자가 디지털 TV방송을 통해 차별화된 상호작용 방송서비스를 접하게 되는 마지막 단계의 컨텐츠를 제공하고 디지털 TV방송의 주 수입원이 될 광고마케팅 부문을 제작 운영하게 됨으로 디지털 TV방송 활성화를 위해 매우 중요한 역할을 하게 된다.

국내에서도 2002년 3월부터 디지털위성방송이 형식적으로는 서비스를 하고 있지만 아직 이상의 세 가지 사업 분야가 제대로 갖추어지지 않은 상태에서 방송을 시작하다보니 기존방송과의 차별화된 방송서비스 제공이 어렵고 이에 따라 시청자의 기대수준을 맞추지 못하고 만족도를 낮추는 결과를 가져왔다. 이는 또한 향후의 디지털 TV방송에 대한 기대수준과 방송시청가능성에도 부정적인 영향을 미침으로써 디지털 TV방송활성화에 치명적인 걸림돌이 되고 있다.

따라서 디지털 TV방송의 활성화를 위해서는 상기 3가지 사업부문의 철저한 준비와 조기 서비스정착을 도모하여 기존방송과 차별화된 방송서비스를 제공할 수 있도록 해야 한다.

실태분석에서 밝혀진 것처럼 외부요인인 이러한 정부의 정책에 대한 인식은 시청자의 기대수준에 영향을 미치고 이러한 기대수준은 디지털 TV방송의 주요한 수입원인 광고효과에 영향을 미친다는 것이 입증되었다.

그러나 한국정부의 디지털 TV활성화를 위한 대책을 포함한 정책적 지원은 7점 척도에서 4.0으로 낮게 인식되고 있고 실제로 영국이나 미국 일본 등에 비교해 볼 때도 미흡하다. 이러한 정책과 대책의 부족은 디지털 TV방송관련 산업의 활성화에 부정적 영향을 미치므로 한국디지털 TV방송의 활성화를 위해서는 정책적인 차원의 활성화 대책이 마련되어야 할 것이다.

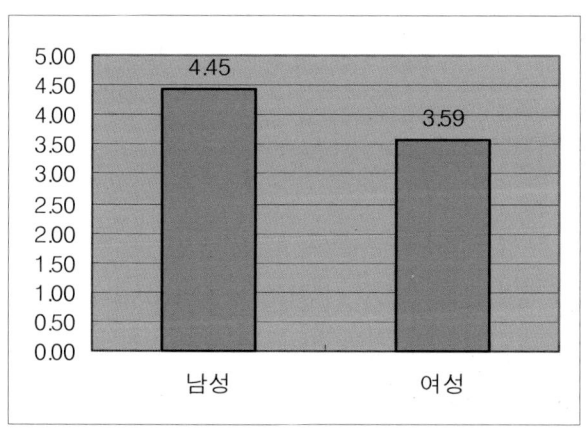

자료원: 설문지 I.1, I.13

〈그림 4〉 성별-디지털 TV방송에 대한 정책지원인식

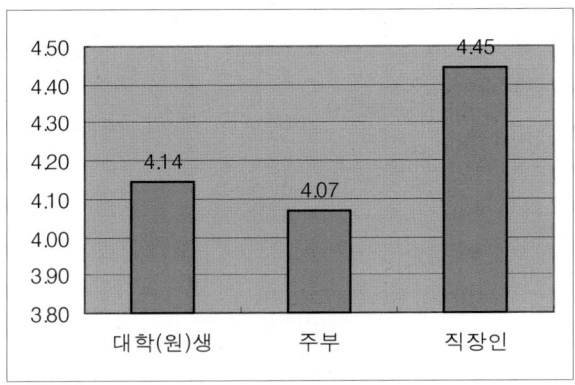

자료원: 설문지 Ⅰ.3, Ⅰ.13

〈그림 5〉 직업별－디지털 TV방송에 대한 정책지원인식

2) 디지털 TV방송 현행서비스에 대한 시청자의 불만

실태분석 결과에 의하면 현재의 디지털 TV방송서비스에 대한 만족
도도 낮다. 현행디지털 TV방송서비스에 대한 만족도는 7.0 척도에 4.1
로 낮게 나오고 있다. 이처럼 만족도가 낮게 되면 기존 시청자들이 점
차 디지털 TV방송 서비스를 외면하게 되어 자칫 잘못하면 디지털 TV
방송산업도 초기의 케이블방송산업이 겪었던 것처럼 소리만 요란하고
실제로는 활성화되지 못하고 발전이 제한되는 전철을 밟을 수도 있다.
방송산업에서 무엇보다 중요한 것은 시청자들이 그러한 방송서비스에
매력을 느끼고 그러한 방송을 시청하고 싶은 기대를 갖게 하고 서비스
에 대한 만족감을 제공하여 지속적으로 시청자를 늘려가는 것이다.

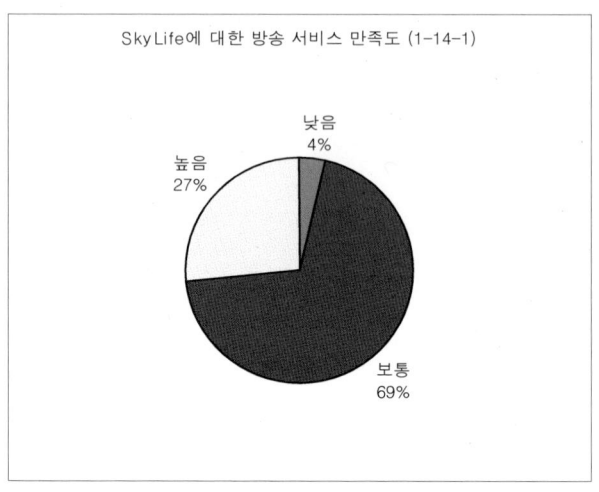

자료원: 설문지 Ⅰ.7, Ⅱ.16, Ⅲ.6

〈그림 6〉 전체-SkyLife에 대한 방송서비스만족도

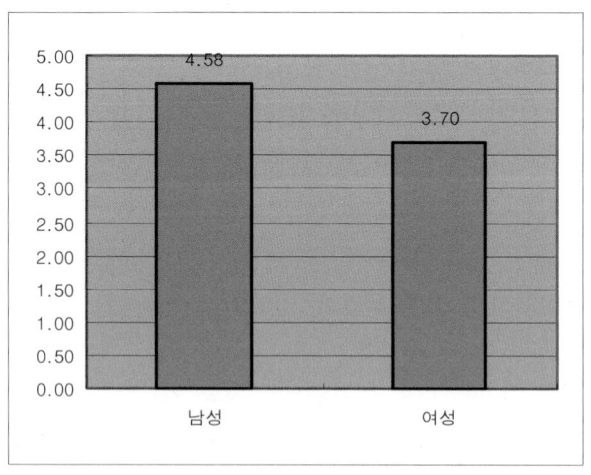

자료원: 설문지 Ⅰ.1, Ⅰ.7, Ⅱ.16, Ⅲ.6

〈그림 7〉 성별-SkyLife에 대한 방송서비스만족도

또한 실태조사분석에서 밝혀진 것처럼 기업요인인 가격인식은 시청자의 디지털 TV방송에 대한 기대수준에 영향을 미치고 기대수준은 디지털 TV방송에서의 광고효과에 영향을 미쳐 결국 디지털 TV방송의 활성화에도 영향을 미치게 된다. 그러나 한국시청자들의 현재 디지털 TV방송서비스에 대한 가격인식은 서비스 대비 가격이 비싸다는 인식을 갖고 있다. 이는 결국 기존 시청자의 기대수준을 높이고 이를 충족시키지 못함으로써 불만을 높이는 요인으로 작용하고 있다.

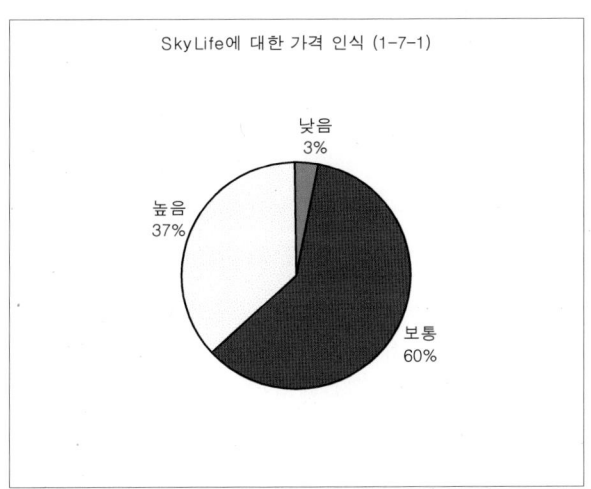

자료원: 설문지 II.14

〈그림 8〉 전체-SkyLife에 대한 가격인식

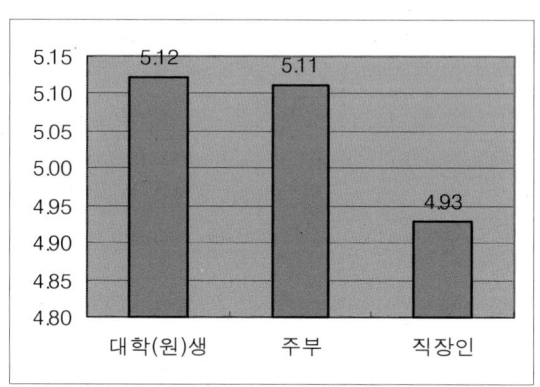

자료원: 설문지 I.3, II.14

〈그림 9〉 직업별-SkyLife에 대한 가격인식

　　이런 측면에서 보면 오히려 현재의 디지털 TV방송 실태는 다소 부정적이다. 초기에 높았던 디지털 TV방송의 열기는 점차 식어가고 실제로 시청자 수도 별로 늘어나지 않고 있고 디지털 TV방송시청자들의 만족도도 낮다. 더구나 디지털 TV방송시청자들의 향후 디지털 TV방송에 대한 차별화된 서비스에 대한 기대도 떨어져 오히려 현재 디지털 TV방송을 시청하지 않는 시청자보다 디지털 TV방송에 대한 기대수준이 낮은 상황이다.

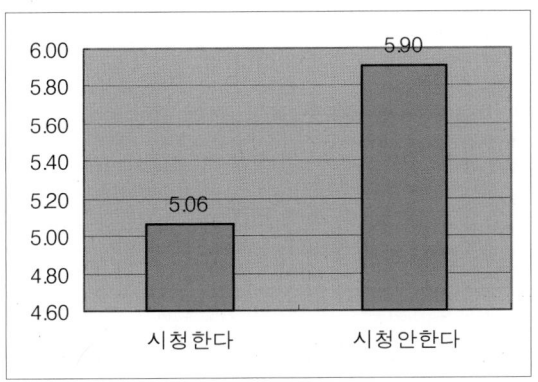

자료원: 설문지 Ⅰ.7, Ⅱ.1~Ⅱ.6

〈그림 10〉 디지털 TV방송에서 서비스기대수준

이러한 상황은 디지털 TV방송산업의 전반적인 분위기에도 영향을 미쳐 초기에 서비스제공을 위해 필요한 투자와 준비를 위축시킬 수 있고 이것이 또다시 차별화된 디지털 TV방송서비스 제공을 제한하는 요소로 작용하여 시청자의 만족도를 낮추는 악순환이 계속될 수 있다.

따라서 이제라도 기존방송과 차별화된 디지털 TV방송서비스를 제공할 수 있는 여건을 최대한 빨리 조성하여 시청자의 만족도를 높이고 디지털 TV방송에 대한 기대를 지속적으로 갖게 하여 디지털 TV방송이 활성화될 수 있도록 정부와 관련업계에서 노력해야 될 것이다.

3) 시청자의 상호작용서비스기대수준에 미달

TV는 전통적으로 수동적인 영상과 음성을 통해 즐거움을 제공하는 매체였고 일방향 커뮤니케이션의 대표적인 형태였다. 그러다가 간헐적으로 문자정보로 날씨나 TV프로그램소개 스포츠경기결과를 알려주고 반응경로는 음성전화를 사용하는 제한적인 상호작용서비스를 도입해왔다.

그러나 디지털 TV방송은 방송과 통신의 융합으로 더욱 다양하고 강한 상호작용 방송을 가능하게 하고 있다. 이에 디지털 TV방송에서는 드라마 오락 정보 뉴스 교육 등 기존방송유형에도 상호작용 성격을 가미하여 시청자와 상호작용 하는 쌍방향 방송이 가능하게 되고 인터넷에서 주로 사용되던 쇼핑몰 이메일 게시판 게임 등 상호작용적 특징을 갖고 있는 다양한서비스가 가능하다. 더구나 여기에 가정네트웍 시스템과의 연계를 통한 가전제품과의 연결도 가능해지고 통신과의 직접 연결을 통한 화상전화 기능 등의 상호작용서비스도 가능하다.

모든 것에서처럼 가능성과 현실적인 실현에는 다소 차이가 존재한다. 디지털 TV방송의 이러한 가능성으로 인해 새로운 방송서비스로서 디지털 TV방송이 주목을 받고 관심을 갖게 되었다. 특히 디지털 TV방송에서 가장 기대하는 서비스를 보면 한국의 시청자들은 디지털 TV방송에서 상호작용서비스를 가장 기대하고 있고 기대수준이 매우 높아 상호작용서비스를 디지털 TV방송과 기존방송과의 차별점으로 인식하고 있었다.

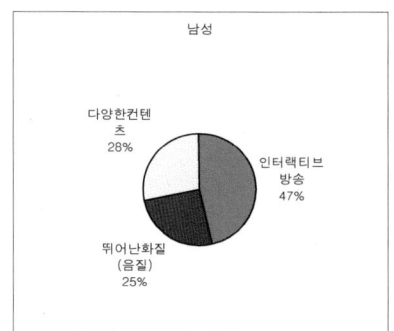

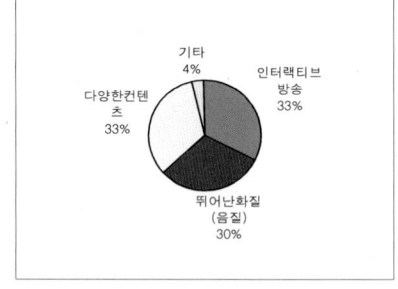

자료원: 설문지 I.1, III.2-1   자료원: 설문지 I.1 III.2-1

⟨그림 11⟩ 디지털 TV방송에서 가장 기대하는 서비스

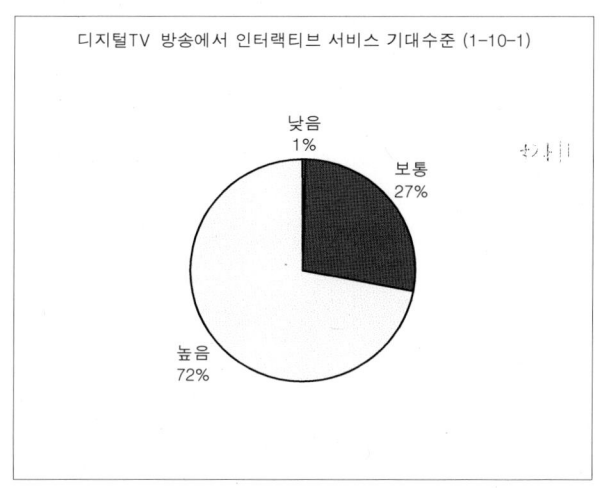

자료원: 설문지 Ⅲ.3

〈그림 12〉 디지털 TV방송에서 상호작용서비스기대수준

　이러한 높은 기대수준을 만족시킬 수만 있으면 디지털 TV방송광고에의 효과제고에 좋은 영향을 주게 되어 디지털 TV방송의 활성화에도 기여하게 된다는 사실이 실태분석에서 입증되었다.

　하지만 아직 국내에서 실현되고 있는 디지털 TV방송은 이러한 상호작용성이 전혀 반영되어 있지 않고 시청자들에게 이에 대한 정확한 청사진도 제시되지 못하고 있다. 이 때문에 현재의 디지털 TV방송 시청자들의 실망은 점차 커지고 있고 가능하면 현재의 디지털 TV방송에서 탈퇴하고자 하는 시청자마저 생기고 있는 상황이다.

　그럼에도 불구하고 아직 한국 시청자들의 디지털 TV방송에 대한 전반적인 기대수준은 7점 측도에서 평균 5.62를 나타내어 높은 편이다.

〈표 35〉 디지털 TV방송에 대한 기대수준

구 분		N	Mean	SD	F	p
직 업	학 생	100	5.43	0.64	2.16	0.119
	주 부	100	5.79	1.12		
	직장인	100	5.66	0.80		
연 령	20대	116	5.38	0.68	6.11**	0.003
	30대	44	6.11	0.69		
	40대 이상	140	5.67	0.99		
학 력	고 졸	74	5.84	1.10	2.61	0.077
	대 재	104	5.43	0.69		
	대졸 이상	122	5.66	0.83		
전 체		300	5.62	0.87		

자료원: 설문지 Ⅲ.1~Ⅲ.6
주: *** p<.01

이 중에서도 상호작용서비스에 대한 기대가 가장 높게 나타나고 있
다. 따라서 이러한 시청자의 기대에 부합할 수 있는 상호작용 방송서
비스를 최대한 빨리 실현하고 정확한 청사진을 시청자들이 알게 하여
현재의 높은 기대수준이 실망 내지 포기로 바뀌지 않고 지속될 수 있
도록 해야 할 것이다. 시청자들의 기대와 호응 없이는 어떠한 방송서
비스도 성공할 수 없기 때문이다.

4) 상호작용 방송광고 준비 미흡

디지털 TV방송의 활성화를 위해서는 한편으론 방송을 통한 지속적
인 재원 조달이 필요하다. 디지털 TV방송의 수입원은 가입비나 서비
스 수수료에 의한 수익보다 광고와 이와 연계된 TV전자상거래를 통한

수익이 많을 것으로 전망되고 있다.

디지털 TV방송광고의 상호작용 기대수준을 보면 시청자들은 디지털 TV방송에서는 기존방식의 일방향광고유형보다 상호작용광고유형을 더욱 기대하고 있다. 또한 실태조사분석에서 입증된 것처럼 디지털 TV방송에서는 상호작용광고유형이 기존광고유형보다 더욱 효과적이다.

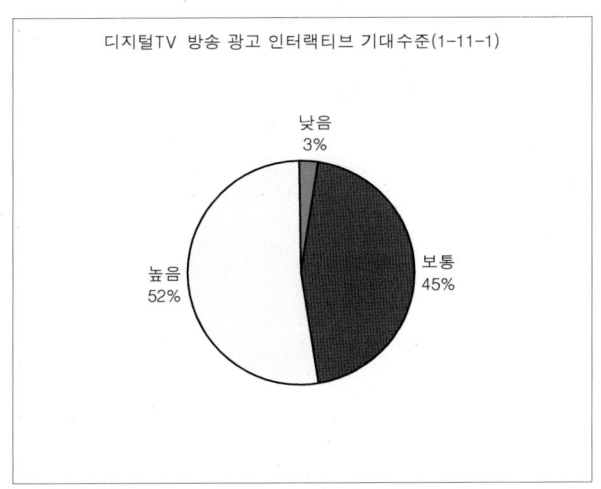

자료원: 설문지 Ⅲ.3

〈그림 13〉 디지털 TV방송에서 상호작용광고기대

그러나 상호작용 방송광고는 기존광고와는 기획에서부터 제작 그리고 이에 필요한 기술과 장비 그리고 시스템 등 전반적인 모든 부문에서 다른 접근이 필요하다. 따라서 상호작용 방송광고를 실현하기 위해서는 이러한 전 부문에서 필요한 기술과 장비와 시스템을 위한 선투자가 필요하고 상호작용광고를 기획 제작할 수 있는 전문인력의 양성이 선결되어야 한다.

상호작용 방송광고가 디지털 TV방송의 주요 수입원을 제공한다는 측면에서 볼 때 상호작용 방송광고의 활성화는 곧 디지털 TV방송의 활성화와 같은 맥락에 있다고 하겠다. 이에 상호작용 방송광고를 활성화시킬 수 있는 제반 여건을 갖추기 위한 다각도의 노력이 필요한 것이다.

5) 디지털 TV방송의 광고효과검증 미흡

디지털 TV방송에서 주요 수입원이 될 상호작용 방송광고가 활성화되기 위해서는 디지털 TV방송에서의 광고효과를 높이기 위한 노력이 필요하다. 광고효과가 높아지면 기업들은 자연스럽게 디지털 TV방송을 통해 광고를 집행할 것이고 이를 위한 사전 준비도 하게 될 것이다.

실태분석에서 입증된 것처럼 디지털 TV방송에서는 다양한 변인들이 광고효과에 영향을 미치고 있다. 예를 들면 성별에 따라 그리고 광고목적에 따라 가장 효과적인 광고유형도 달라진다. 이외에도 직업 나이 관여도수준 소득 학력 인터넷사용정도 기대수준정도 등 다양한 변인들이 광고유형별 효과에 영향을 미친다.

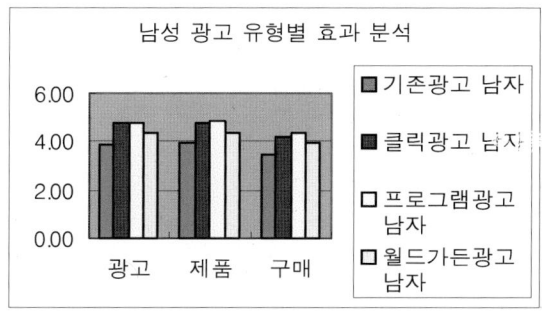

자료원: 설문지 Ⅰ.1 2Part

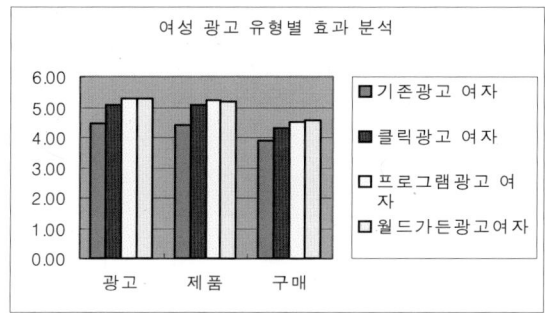

자료원: Ⅰ.1 2Part

〈그림 14〉 성별 광고목적에 따른 광고유형별 효과

따라서 디지털 TV방송에서 광고효과를 높이기 위해서는 이러한 영향요인들을 파악하고 검증하여 변인에 따라 가장 효과적인 광고유형을 제작 집행할 필요가 있다. 이에 이 논문에서 처음 시도된 디지털 TV방송에서의 광고효과 영향요인에 대한 연구가 향후에도 지속되어 디지털 TV방송에서의 광고 활성화에 기여하고 이를 통해 디지털 TV방송의 활성화에도 기여하는 작업이 계속되어야 할 것이다.

2. 활성화방향 제시

1) 정부정책의 측면

디지털 TV방송의 활성화를 위해서는 디지털 TV방송의 상호작용을 강화시킬 수 있는 방향으로의 정부의 정책입안과 정책적인 지원이 필요하다. 연구결과에서 밝혀진 것처럼 디지털 TV방송의 활성화는 상호작용 방송서비스와 상호작용 방송광고의 활성화와 맥을 같이 한다고 할 수 있다.

따라서 정부는 기존의 일방향의 방송에 적용되었던 방송관련 각종 규제를 방송과 통신이 융합된 디지털 TV방송에서는 상호작용을 활성화 할 수 있도록 수정하여야 할 것이다. 아직도 디지털 TV방송을 초기단계인 데이터방송으로 규정하고 이를 근거로 각종 규제를 하고 있는데 이를 상호작용중심의 본격적인 디지털 TV방송관련 내용으로 수정하고 이를 활성화할 수 있는 정책을 입안해야 할 것이다.

또한 현재 정부는 디지털방송산업을 차세대 주력산업으로 선정하고 지원을 집중하고 있다. 그런데 이러한 지원의 거의 전부가 하드웨어적인 부문에만 편중되어 있다. 그러나 실태분석에서 입증된 것처럼 디지털 TV방송의 활성화를 위해서는 기존방송과 가장 차별화된다고 인식하고 있고 가장 기대수준이 높은 상호작용 방송서비스와 이의 주 수입원이 될 상호작용 방송광고서비스의 제공과 활성화가 필요하다. 이를 위해서는 단지 하드웨어적인 부문만의 디지털로의 교체로 가능한 것이 아니다. 오히려 하드웨어를 작동시켜 상호작용 방송서비스를 가능하게 하는 소프트웨어와 실제로 시청자에게 제공되는 상호작용 방송제작부문에 대한 지원과 이와 관련한 전문인력 양성을 위한 지원이 무엇보다 필요하다.

그러나 아직 이러한 부문들에 대한 선투자 개념의 노력은 정부나 기업 어디에서도 이루어지지 않고 있다. 이러한 상황은 곧 케이블방송산업의 실패사례를 그대로 답습하고 있다.

따라서 이제부터라도 정부는 정책적인 지원을 하드웨어부문뿐만 아니라 소프트웨어와 디지털상호작용 방송프로그램과 상호작용 방송광고를 만들 수 있도록 하는 부문으로까지 확대해야 할 것이다. 이를 통해서 시청자는 더욱 빨리 본격적인 디지털 TV방송서비스를 경험할 수 있게 될 것이고 현재의 높은 기대수준을 계속 유지하여 지속적으로 디지털 TV방소의 시청자가 늘어나게 될 것이다.

2) 방송사의 측면

디지털위성방송을 필두로 케이블방송과 지상파방송도 2003년부터 디지털방송을 실시할 것으로 전망된다. 계획에 의하면 2005년까지 위성방송과 케이블방송 그리고 지상파방송 모두 전국단위로 디지털 TV방송을 실시할 것으로 예정되어 있다. 특히 디지털위성방송도 2003년 후반부터는 데이터방송을 통한 상호작용 방송서비스를 제공하기 시작할 것이다.

디지털 TV방송의 승패는 시청자의 호응을 얼마나 많이 얻어내느냐인데 실태분석에서 입증된 것처럼 시청자가 가장 기대하고 있는 상호작용 방송서비스를 기대수준에 맞게 제공함으로써 성공적인 디지털 TV방송이 가능하게 될 것이다. 또한 광고주들의 호응을 얻어내기 위해서는 디지털 TV방송에서의 광고가 효과적인 것이 입증되고 또한 이곳에서의 광고효과를 높일 수 있는 방안들이 제안되고 검증되어야 한다.

이는 본 연구에서 살펴본 바와 같은 광고효과에 영향을 미치는 요인

들과 광고의 효과를 높이기 위한 방안들을 지속적으로 검증하고 디지
털 TV방송에서 더욱 효과적이라고 입증된 상호작용 방송광고유형의
서비스가 가능하도록 해야 할 것이다.

따라서 디지털 TV방송사는 상호작용 방송서비스와 상호작용 방송
광고서비스가 조기에 제대로 정착될 수 있도록 시스템과 기술을 갖추
고 이런 상호작용 방송프로그램을 기획 제작할 수 있는 디지털 TV방
송 전문인력을 양성해야 할 것이다.

3) 기업의 측면

기업의 입장에서 보면 디지털 TV방송은 새로운 광고마케팅의 통로
가 된다. 기존의 일방향적이고 대중매체 성격의 TV광고가 쌍방향적이
고 타겟팅이 되는 상호작용 광고마케팅으로 변환되는 것이다. 이러한
변화는 기업입장에서 볼 때 똑같은 광고비를 투입하고도 기존보다는
원하는 타겟에게 더욱 효과적으로 광고할 수 있는 방법이 생긴 것이
다. 이를 잘 활용하면 기업은 투입대비 효율이 올라가 기업의 수익성
증대를 제고할 수 있게 될 것이다.

또한 광고유형도 선택광고 탐색광고 울타리광고 등 기존과는 다르면
서도 더욱 효과적인 것으로 본 연구에서 판명된 상호작용 방송광고유
형이 가능해진다. 이러한 광고는 점차 기존 광고유형에 식상해 있는
시청자들로 하여금 능동적으로 광고에 관심을 갖고 반응하게 할 수 있
다. 따라서 기업은 이러한 상호작용 방송광고를 효과적으로 활용하면
광고와 제품의 주문 및 판매에까지 연결할 수 있는 새로운 마케팅 통
로를 갖게 되는 것이다.

따라서 기업은 이러한 새로운 광고마케팅 매체를 적극 활용하여 고
객의 특성에 맞는 타겟광고마케팅과 고객과의 상호작용광고마케팅을

실현함으로써 광고마케팅의 효율성을 더욱 높이기 위한 준비를 해야
한다. 이를 위해서 각 기업의 입장에서는 이러한 광고마케팅 매체를
가장 효과적으로 활용하는 방안이 어떤 것인지에 대한 연구와 이를 활
용할 수 있는 전문인력을 육성을 해 나가야 할 것이다.

4) 광고회사의 측면

광고회사의 입장에서는 디지털 TV방송에의 광고마케팅 역량은 곧
그 회사의 존립과 직결될 만큼 중요한 역량이 될 가능성이 높다. 정부
계획대로라면 내년부터 디지털 TV방송의 차별화된 서비스인 상호작용
방송이 개시되고 2010년이면 기존의 국내 아날로그방식의 TV방송전송
은 중단된다. 따라서 광고회사의 주 수입원인 TV방송광고의 형태가
기존광고방식과는 전혀 다른 새로운 형태의 광고방식으로 전개될 것이
기 때문에 이에 대한 대비가 없다면 향후에는 주요 수입원을 놓치게
될 것이다.

실태연구에서 밝혀진 바와 같이 디지털 TV방송에서는 다양한 요인
이 광고효과에 영향을 미치고 기존광고형태와는 다른 상호작용 방송광
고형태가 기존광고보다 더욱 효과적이다. 따라서 광고회사에서는 이러
한 상호작용 방송광고마케팅을 기획 제작 집행할 수 있는 새로운 기술
과 시스템 그리고 전문역량을 갖춘 새로운 인력들이 필요하게 될 것이
다. 이에 대한 준비는 상당한 시간이 걸리기 때문에 사전에 미리 준비
하지 않으면 곧 다가올 시장을 놓치는 결과가 초래된다.

따라서 광고회사는 기존의 일방향적이고 대중매체적인 접근방식의
광고와는 다른 쌍방향적이고 타겟특성지향적인 상호작용 방송광고를
운영할 수 있는 역량을 사전에 키워나가야 할 것이다. 이를 통해 광고
회사도 새롭게 변화하는 광고마케팅환경에서도 계속 발전해 나갈 수

있고 보다 효과적인 광고들이 선보임으로써 상호작용 방송광고의 활성화와 디지털 TV방송의 활성화에 기여하게 될 것이다.

5) 학계의 측면

21세기 미래산업의 총아인 디지털 TV방송을 활성화시키고 디지털 TV방송의 시장을 확장하기 위해서는 그 활용도를 높여야 하고 이를 위해서는 관련기업들의 투자가 선행되어야 한다. 기업들이 선행투자를 하기 위해서는 소비자 측면에서의 디지털 TV방송에 대한 효과검증들이 이루어져야 하는데 디지털 TV방송광고에 대한 효과검증도 그 중요한 부문을 차지한다고 할 수 있다. 따라서 디지털 TV방송에서의 광고효과에 영향을 미치는 요인에 관한 연구를 비록 필자가 개인적인 연구차원으로 시작하였지만 향후에는 이 부문에 대해 관련업계와 학계에서 지속적인 관심을 가지고 디지털 TV방송과 디지털 TV방송광고에 대한 다양한 효과검증의 노력이 이루어져 디지털 TV방송이 활성화될 수 있도록 일조를 하여야 할 것이다. 또한 영국 미국 호주 등 디지털 TV방송을 앞서서 시행하고 있는 국가들의 앞선 상호작용 방송서비스와 상호작용 방송광고 등을 소개하고 이들 나라와의 국가 간 연구들을 통해 한국의 디지털 TV방송산업이 발전할 있도록 저변을 확장하고 한국의 디지털 TV방송산업이 세계시장에 진출하는 데 기여하는 학계의 노력이 계속되어야 할 것이다.

Ⅵ. 결 론

디지털 TV방송은 기존의 TV방송서비스와는 다른 형태의 서비스를 제공하는데 이 서비스를 통해 시청하고자 하는 내용이나 다양한 정보 등에 대해 쌍방향으로 능동적인 참여를 할 수 있고 인터넷 등 부가적인 서비스를 받을 수 있다. 한국도 2001년 지상파방송의 디지털본방송 송출을 필두로 2002년 3월에는 디지털위성방송이 시작되었고 2003년에는 디지털케이블방송이 시작되었고 2006년부터는 지상파데이터방송 서비스도 시작되며 2010년이면 모든 방송이 디지털화 될 것이다.

이에 따라 디지털 TV방송의 주요 수입원이 될 디지털 TV광고시장은 향후 폭발적으로 성장할 것으로 전망된다. 특히 소비자 측면에서 보면 인터넷 이용자의 증가에 따라 상호작용서비스를 경험한 집단이 증가하게 되고 이들의 상호작용욕구가 TV시청상황으로까지 확대되면서 상호작용수요가 증가하고 있다. 이런 시청자들은 광고를 보면서 더 자세한 정보를 즉각적으로 검색하기를 원하며 즉각적인 상품구매도 원한다. 특히 인터넷 이용에서 다소 뒤져있던 중년 이후층과 주부층이 TV라는 친숙한 이용환경을 배경으로 상호작용 방송광고와 TV전자상거래를 이용하게 될 가능성이 높아 이 분야의 성장이 가속화될 것으로 예상되고 있다.

국내에서 처음 시도된 디지털 TV방송에서의 상호작용광고에 관한 본 실태연구결과 한국 시청자들의 디지털 TV방송에 대한 인식과 디지털 TV방송에서 광고효과에 영향을 미치는 요인들이 밝혀졌고 현재의 문제점 등도 도출되었다.

첫째, 우리나라 시청자들의 디지털 TV방송에 대한 기대수준이 비교적 높고 이러한 기대수준은 개인요인 외부요인 기업요인의 영향을 받

고 있다는 것을 알 수 있다. 디지털 TV방송에 대한 기대수준을 살펴
본 결과는 7점 척도로 전체 평균이 5.62로 비교적 높았다. 그중에서도
특히 주부들과 30대 중년 이상의 기대수준이 높다는 사실을 알 수 있
다. 이는 TV라는 매체에 더욱 친숙한 층이 TV를 통한 상호작용서비
스에 많은 기대를 하고 있다는 사실이 입증되었다.

둘째, 디지털 TV방송의 광고효과에 다양한 요인들이 영향을 미친다
는 사실이 입증되었다. 디지털 TV방송에 대한 기대수준 관여도와 직
업 연령 학력 같은 인구통계적 특징과 방영되는 광고유형 등이 각기
그리고 서로 연계되어 디지털 TV방송에서의 광고효과에 영향을 미친
다는 것이 입증되었다. 따라서 디지털 TV방송에서의 효과적인 광고를
집행하기 위해서는 입증된 연구모형(디지털 TV방송에서의 광고효과
영향요인 모형)을 고려하여 타겟의 특징과 광고할 제품 관여도수준 등
에 따라 광고유형을 달리함으로써 효과를 배가시킬 수 있을 것이다.
디지털 TV방송광고는 세부적인 타겟팅이 가능하므로 상호작용 방송광
고의 타겟특성별로 광고유형을 다르게 노출함으로써 광고 효과를 더욱
높일 수 있을 것이다.

셋째, 디지털 TV방송에서는 기본적으로 상호작용성이 가미된 상호
작용광고가 비상호작용광고보다 더욱 효과적이란 사실이 입증되었다.
타겟의 기대수준정도나 관여도수준 인구통계학적특징에 상관없이 상호
작용광고유형들이 전통적인 일방향광고보다 디지털 TV방송에서는 더
욱 효과적이라는 사실이 실증적으로 입증되었다.

넷째, 한국디지털 TV방송의 가장 큰 문제점으로 시청자들의 디지털
TV방송과 디지털 TV방송광고에 대한 기대수준은 높은데 현재 이를
맞추어주지 못하고 있고 이에 대한 준비도 미흡하다는 것이 도출되었
다. 특히 대부분의 디지털 TV방송에 관한 정책지원이나 투자 등이 하
드웨어나 미들웨어기술 등에 치우쳐 있어서 정작 시청자들이 가장 기
대하는 상호작용 방송프로그램내용이나 상호작용 방송광고 등에는 준

비가 소홀한 현실이다. 더구나 2003년 하반기부터 디지털 TV방송에서의 상호작용이 기술적으로는 실현 가능하게 되지만 이를 광고와 마케팅에서 활용할 가치가 있는지 효과에 대한 검증이 없었기 때문에 이 분야의 준비가 전무한 상태이다. 디지털 TV방송의 주요 수입원이 될 상호작용 방송광고를 집행하기 위해서는 많은 사전 준비들이 필요하다. 상호작용 TV광고 기획과 제작 및 집행과 효과검증 등 일련의 과정이 기존의 TV광고방식과는 전혀 다르기 때문에 이와 관련한 기술과 장비 등이 준비되어야 하고 무엇보다 이를 가능하게 하는 전문지식을 갖춘 상호작용 방송광고 전문인력의 양성이 절실하다. 이러한 인력은 광고회사에서 필요할 뿐만 아니라 광고를 집행할 기업들에게도 효과적인 디지털 TV방송광고관리를 위해 필수적으로 필요하다.

마지막으로 21세기 한국산업의 중추가 될 디지털 TV방송의 활성화와 디지털 TV방송의 주요 수입원이 될 디지털 TV방송에서의 상호작용 방송광고 활성화를 위해서 이제부터라도 정부와 방송업계 기업 광고업계 그리고 학계가 한국시청자의 디지털 TV방송과 디지털 TV방송광고에 대한 기대수준과 눈높이를 파악하고 이에 맞는 서비스를 제공할 수 있도록 함께 노력할 것을 제언한다.

제3부

유럽 시청자 반응 조사 결과

I. 유럽 시청자들의 디지털쌍방향TV 방송에 대한 반응 조사 결과

포리스트 리서치는 스포츠 컨텐츠가 전세계적으로 디지털 다채널 방송의 활성화에 기여하고 있듯이 이메일 또한 디지털 쌍방향 방송의 붐업에 기여할 수 있다고 본다. 이러한 전망을 끌어내기 위해 우선 Forrester는 유럽의 소비자 집단을 다음 네 가지로 나눠 분석하고 있다. 차례로 네 집단을 살펴본 후 그러한 차이가 TV이메일과 디지털 쌍방향 TV의 장래에 어떤 의미를 갖고 있는지 따져보기로 하자.

유럽에서 유료TV와 인터넷은 거의 비슷한 수효의 가입가구를 갖고 있다. 포레스터 리서치가 유럽 5개국 시장을 조사한 바에 따르면, 셋탑박스 보유는 모바일 폰이나 PC 같은 기기들의 보유와 어떤 공통분모가 있음이 밝혀졌다. 그러나 그들이 어떤 기기를 보유하고 있는가에 따라 사용자들을 나눠 보면 다음과 같이 매우 상이한 인구통계학적 특성과 태도 및 행동 패턴을 지닌 4가지 집단으로 구분된다.

1. 디지털 선구자 족 Boxed & Wired (전체 인구의 5%)

이 소비자들은 가정에서 유료TV를 시청하는 동시에 PC로 온라인 접속을 한다. 대체로 자녀들이 있으며 테크놀로지에 대해 매우 호의적이다. 한 마디로 디지털 선구자 족은 엔터테인먼트에 관심이 많은 테크놀로지의 조기 수용자층이다. 그들은 스포츠 관람, 외출, 음악감상 그리고 TV나 비디오 시청을 좋아한다. 교육수준과 생활 여건이 양호

한 이들은 물질적인 욕구를 대부분 만끽하며 살아간다. 이들의 패턴을 요약하면 다음과 같다.

1) 첨단 기기류를 많이 보유

이들의 집에는 가정의 3대 전통적 엔터테인먼트 요소라 할 수 있는 사운드, 영상, 게임 관련 기기가 잘 구비되어 있다. 54%가 비디오 게임 조작기를 갖고 있으며 (그중 10%는 쌍방향TV용이다.) 38%가 휴대용 비디오 게임기를 갖고 있다. 이들은 다른 집단보다 스테레오, CD 플레이어, MP3 플레이어 등을 보유할 가능성이 매우 높다. 비디오 관련기기는 이들에게는 기본이다. 42%가 비디오 카메라를 갖고 있고 27%는 대화면 TV를, 16%는 디지털 카메라를, 20%는 DVD 플레이어를 갖고 있다.

2) 엔터테인먼트와 쇼핑을 위해 인터넷에 빈번하게 접속

디지털 선구자 족은 다른 온라인 소비자들보다 훨씬 더 자주 스포츠나 엔터테인먼트 관련 온라인 사이트에 방문할 가능성이 높다. 종종 그들이 온라인에 접속하는 제일 주요한 이유는 바로 엔터테인먼트 때문이다. 그들의 반 수가 정기적으로 온라인으로 구매하는데, 이들의 주요 온라인 구매 품목은 책, 음악, 컴퓨터 관련 상품 같은 주류 편의재들이다. 그들에게 온라인 구매는 꽤 일상화되어 있지만 조사 결과 그들의 구매 패턴은 다른 온라인 사용자 집단과는 다소 다른 양상을 보인다. 즉 그들은 다른 온라인 사용자 집단보다 음악, 비디오, 패키지 여행상품, 자동차 보험 그리고 A/V 관련기기 구매에 더 많은 관심을 보였다.

〈표 36〉 하드웨어 소유와 인구통계학적 특성 간의 상관관계

인구통계학적 특성	디지털 선구자 족	디지털 편식 족	디지털 무관심 족	디지털 문외한 족
16세 이상	5%	17%	13%	60%
평균 나이	36세	34세	45세	47세
남자 비중	61%	60%	51%	44%
30세 이하	28%	30%	21%	17%
60세 이상	6%	9%	22%	33%
자녀있는 가정	44%	38%	36%	25%
사회계급 A 내지 B*	46%	36%	27%	24%
테크놀로지에 대해 낙관적인 견해를 가진 사람들의 수	75%	71%	47%	45%
하드웨어 기기 소유				
PC 보유	100%	100%	36%	35%
모바일 폰 보유	80%	70%	54%	38%
비디오 게임 조작기 보유	54%	27%	41%	19%

* 여기서 사회계급이란 해당 가정의 부와 사회적 신분을 나타내는 지표이다. 사회
계급 A와 B는 A에서 E까지 나눠진 척도에서 최상위 두 개 계급이다.

2. 디지털 편식 족 leaning Forwards
   ### (전체 인구의 17%)

　　디지털 편식 족은 PC로 온라인에 접속하지만 셋탑박스는 갖고 있지
않은 소비자들이다. 이들은 주로 남성이며, 직업상의 경력이나 엔터테
인먼트에 관심이 쏠린다. 이들 중 50% 이상이 고소득이며 테크놀로지
에 대해 낙관적이며 상류사회를 지향한다. 이 집단은 영국에서 가장

두드러지지만 다른 나라들 역시 비슷한 패턴을 보여준다. 이들의 패턴을 요약하면 다음과 같다.

(1) 재테크에 대한 높은 관심

엔터테인먼트에 높은 관심을 보이는 디지털 선구자 족에 비해, 디지털 편식 족에게는 돈이 가장 큰 삶의 동기부여다. 이들 중 거의 1/3이 관리자급이며 단독 주택 또는 고급 연립 주택에 살고 있다. 이들의 40% 이상이 주식이나 뮤추얼 펀드에 투자한다. 이들은 디지털 선구자 족보다는 인터넷 검색이 덜 활발한 편이지만, 온라인으로 주식시세를 들여다보거나 투자 상담을 받을 가능성은 더욱 높은 편이다.

(2) 일만 아니라 삶을 가꾸는데도 관심이 많다.

이 소비자들은 돈에만 관심이 있는 것은 아니다. 이들의 자산은 이들 자신의 고품격 비즈니스 삶에 고스란히 투영된다. 70% 이상이 모바일 폰을 갖고 있으며, 이러한 기기는 다른 집단의 경우와 견주어 볼 때 이들의 고용주가 제공할 가능성이 훨씬 높다.

3. 디지털 무관심 족 Laid-Back Socializers
(전체 인구의 13%)

이 소비자들은 집에서 유료TV는 보지만 인터넷 접속은 하지 않는다. 그들은 종종 테크놀로지에 대해 거부감을 느끼는 편이지만, 스포츠와 TV시청을 즐긴다. 특히 스포츠를 TV로 시청하는 것을 즐긴다. 포레스터가 5개 시장에서 조사한 약 1,300만 명 이상의 소비자들은 인터넷 접속은 전혀 하지 않지만 유료TV는 시청하고 있음이 밝혀졌다. 그들은 온라인을 이용하는 그들의 또래 집단과는 사뭇 다르다. 거의 40%가 사회계급상 D나 E에 속해 있으며, 그들 중 반수가 여성이다. 그들의 주요한 관심사로는 친구나 가족에 관련된 것 이상이 없다.

(1) 또래(동료) 집단의 압력에 좌우

이 소비자들은 친구들과의 관계가 밀접하며 또래집단의 압력은 그들의 삶에서 중요한 일부이다. 그들은 다음과 같은 아이템에 높은 점수를 준다. "내가 전달하고자 하는 이미지와 일치하는 제품에 대해서는 여분의 돈을 지불할 의향이 있다."

(2) 시간이 남아야 매스 미디어의 엔터테인먼트를 즐긴다.

그들 역시 엔터테인먼트를 즐기기야 하지만 친구들을 만나는 게 우선이다. 그들은 레스토랑에 가 가거나 영화관에 가는 일이 드물다. 그들은 다른 집단에 비해 휴일 외출이 많지 않으며 주로 집안에서 TV를 보는 편이다.

(3) 테크놀로지는 종말의 징표?

디지털 무관심 족은 디지털 선구자 족과 마찬가지로 다양하고 재미있는 테크놀로지 아이템들을 소유하고 있다. 하지만 전반적인 보급률은 떨어지며 체질적으로 테크놀로지에 흥미가 없다. 그들은 테크놀로지에 대해 매우 부정적인 태도를 보여서, 53%가 테크놀로지 회의주의자이며 언제 어느 때고 PC를 통해 온라인에 접속하고픈 욕구가 전혀 없다.

4. 디지털 문외한 족 Digital Outcasts (전체 인구의 60%)

테크놀로지에 관해서는 아는 게 깡통 수준인 사람들이다. 5개국 전체에서 가장 주류를 차지하며 가족과 전통적 가치에 관심이 많다. 이들은 여러 집단 가운데 가장 특징적인 부류로, 테크놀로지를 마지 못한 시선으로 바라보는 보수주의자들이다. 모든 소비자들의 60%를 차지하는 디지털 문외한 족은 대개 비교적 나이가 많고 중하류층에 속하며 55%가 여성이다. 그들은 가족과 전통적인 가치에 강한 애착을 보인다.

(1) 테크놀로지 혐오

소득도 평균 이하지만 이러한 혐오는 디지털 문외한 족이 새로운 테크놀로지 제품 구입을 꺼리게 만든다. 이러한 부류의 소비자들 가운데 55% 이상이 테크놀로지 회의주의자들로, 그 결과 PC는 물론이요 여타 테크놀로지 관련 제품 보급율이 낮은 편이다. 다른 집단과 비교하여, 그들은 이동전화와 비디오 녹화기, CD플레이어, 비디오 카메라를 소유한 사람들의 수가 적다. 사실 모든 면에서 가진 게 적다. 향후 6개월 이내에 온라인 접속을 하려는 의사를 가진 이들이 별로 없는데, 그 까닭은 흥미조차 없기 때문이다.

(2) 브랜드를 선호하지만 가격저항에 민감

이 소비자들에게 브랜드는 매우 중요하다. 어떤 브랜드를 좋아하게
되면 그것에 집착할 정도다. 예를 들어 핸드폰 구입시 주요한 선택기
준은 브랜드다. 하지만 가격 저항이란 문제가 있다. 브랜드가 그들에게
중요하다 해도 그들은 저소득이란 생활여건 때문에 가격에 매우 민감
하다. 그들은 구매행위를 일으키기 전에 아이쇼핑을 즐긴다.

〈표 37〉 유럽의 4 소비자 집단의 관심사 차이

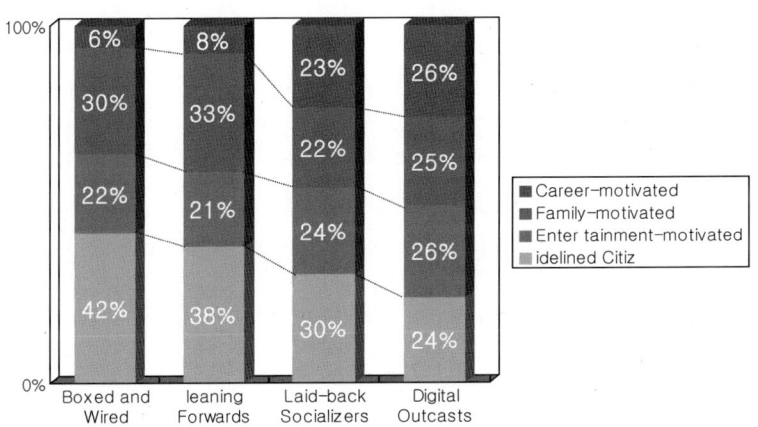

자료원: Forrester Research, Inc.

표 22-2는 지금까지 논의한 네 집단의 관심사가 어떻게 다른지를 함
께 비교해서 보여준다.

II. 디지털쌍방향TV방송에 대한
영국 시청자 태도

1. 영국인들은 얼마나 쌍방향 서비스를 원하는가?

"우리 애도 그냥 버튼만 누르면 돼요."
--- Samantha Izon, 런던의 한 가정주부 ---

　디지털 TV와 쌍방향 셋탑박스의 보급 확대는 자연스레 쌍방향TV 광고와 T-commerce의 대중화 가능성을 기대하게 한다. Informa Media Group은 유럽에서 T-commerce 관련 소비자 지출이 2000년 말 약 2억 2,370만 달러에서 2004년에는 96억 9,000만 달러까지 성장하리라고 내다본다.

　여기서 가장 큰 T-Commerce 시장으로는 단연 영국이 지목되고 있는데, 이는 디지털 TV보급률 및 이종 디지털방송 플랫폼 간의 극심한 경쟁으로 인한 디지털 서비스 업그레이드 속도가 빠르기 때문이다. 2001년 하반기부터 2002년 초까지 영국의 대표적인 쌍방향 방송 서비스 사업자인 Open...과 OnDigital은 디지털 쌍방향 서비스 브랜드의 간판스타 자리를 차지 하기 위해 각기 Sky Active와 ITV Digital로 사명(社名)을 바꿔가면서까지 치열한 각축을 벌인 바 있다.

　정부의 적극적인 디지털 전환정책 등을 종합적으로 고려한 판단이다. 같은 맥락에서 McKinsey와 ITC(Independent TV Commission)의 공동 조사 결과는 2010년이 되면 영국 전체 가구의 75%가 디지털 TV

를 통해 쌍방향 서비스에 접속하게 될 것으로 내다본다.

그 다음 큰 시장으로는 프랑스와 독일이 주목받고 있다. 특히 독일
의 경우에는 쌍방향 제반환경이 아직 많이 뒤떨어지지만 방송시장 규
모 때문에 잠재력이 큰 시장으로 평가받고 있다.

〈표 38〉 유럽의 T-commerce 관련 소비 지출 전망

(단위 : 100만 유로 = 약 9만 29,000달러)

국가	2000년	2001년	2002년	2003년	2004년
영국	146	374	986	2,046	3,699
프랑스	80	182	459	1,060	2,029
독일	-	5	214	810	1,768
이탈리아	9	42	140	270	518
스페인	8	189	350	544	810
베네룩스3국	-	2	39	188	613
노르웨이	1	21	99	293	629
기타국가	1	18	71	153	370
	245	834	2,358	5,364	10,436

자료원: Informa Media Group, 2001: 유럽의 T-commerce 성장 가능성

그러나 과연 이같은 기대대로 쌍방향 방송 관련 부가서비스가 시장
에 순조롭게 안착할 것인가에 대해서는 아직 속단하기 이르다. 2000년
12월 Continental Research이 발표한 조사 결과는 영국 시장이 유럽에
서 디지털방송환경이 가장 앞서 있다는 평가를 감안할 때 영국 디지털
TV 시청자들의 쌍방향 방송 서비스 이용률이 아직 기대에 충분히 부
합하지 못함을 보여 준다. 이 조사에서, 영국 전체 디지털 TV 보유 가
구 중 49%만이 쌍방향 방송 관련 서비스를 이용한 것으로 드러났다.
나머지 51%는 이러한 서비스가 있는지조차 잘 모르거나 거의 이용하

지 않는다는 반응이었다. 더우기 쌍방향 방송 관련 부가 서비스 중에서도 정작 T-commerce를 이용하는 사람이 채 10%에 미치지 못했다. 이것은 T-commerce가 아무리 성장 가능성이 높다 해도 시청자들의 일반화된 시청패턴의 일부로 자리잡기까지는 상당한 시일이 필요할 것임을 시사한다.

사실 T-Commerce의 잠재력에 대한 평가는 기대치가 얼마 만큼이냐와도 관련되어 있다. 영국의 시청자들이 디지털 TV를 찾는 이유를 우선 순위로 꼽아 보면 첫째가 다채널, 둘째가 풍부한 스포츠 컨텐츠, 그리고 마지막으로 질적으로 개선 A/V 여건이다. 여기서 Betting, 뱅킹, 이메일, 쌍방향 쇼핑 같은 TV에서의 쌍방향 관련 서비스는 일단 후순위이다.

이러한 우려에 대해 SkyDigital의 쌍방향 서비스 부문을 전담하고 있는 Sky Active측은 생각은 좀 다르다. Sky Active의 측정에 따르면, 디지털 TV 시청자들이 쌍방향성이 가미된 스포츠 프로그램을 볼 때, 그 중 40% 이상의 시청자들이 매 경기마다 적어도 한 번은 쌍방향 링크를 클릭한다며, 이 정도면 그리 나쁘지 않은 반응이라고 반박한다. 또 앞서 NTL의 쌍방향 이용사례에서 언급했듯이 NTL 가입자들은 50% 이상이 최소한 주 단위로 쌍방향 서비스를 사용한다. 쌍방향 서비스 메뉴 가운데 가장 높은 이용률을 보이는 것은 게임이며 그 다음이 NTL의 Walled Garden 서비스다.

〈그림 15〉 영국 다채널 시청 가구 수의 증가 추이

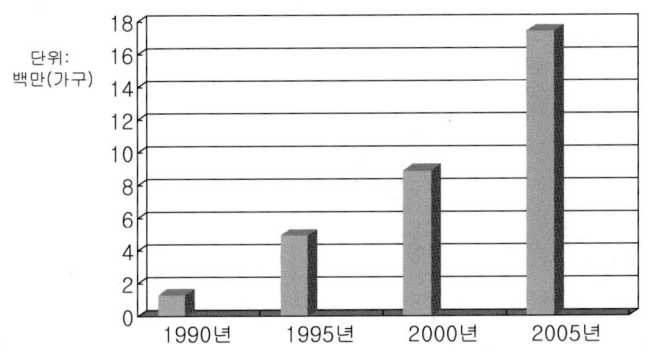

자료원: Paul Budde Communication, ABN Amro, Merrill Lynch,
        Cable companies, BSkyB, AA analysis

〈그림 16〉 디지털 케이블에서 성별과 쌍방향 서비스 이용패턴의 상관관계

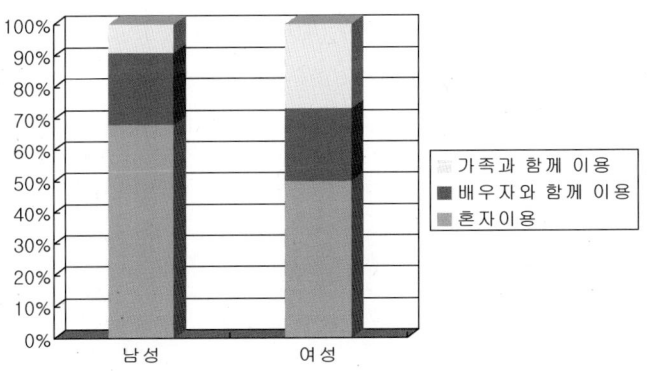

자료원: Research International

쌍방향 방송 서비스 이용 패턴은 남녀 간에도 주목할만한 차이가 있
다. [그림 22-2]를 보면 영국의 남성 시청자들이 혼자서 쌍방향 서비
스를 이용하는 비중이 70%에 달하는 데 비해, 여성 시청자들은 혼자

이용하는 빈도에 못지 않게 가족과 함께 이용하는 횟수가 많다. 배우
자와 함께 이용하는 경우도 남자보다는 여자가 약간 높은 편이다. 이
것은 남성들은 자기 자신의 개인적인 동기만으로 쌍방향 서비스를 이
용하지만 여성들은 배우자 및 가족들의 의견을 고려해서 쌍방향 서비
스를 이용하고 있음을 알 수 있다. 그러나 성별 이용패턴의 이러한 차
이가 T-Commerce 상황에 유의미하게 반영되는 것 같지는 않다.
1999년 5월부터 2001년 중반까지 영국 최초로 TV 온라인 쇼핑몰
Woolworths를 Sky Active(당시 이름은 Open...)에 개설해 운영했던
T-Commerce 책임자 Howard Unna에 따르면, 쌍방향 TV를 통해 물
건을 구매하는 소비자들의 남녀 성비는 약 50:50 수준이라고 한다.

그러나 이 자료는 플랫폼 가입 등록자에 근거하고 있으므로 소비자
개인별 사용빈도를 반영한 정확한 데이터라고 보기에는 한계가 있다.
이 자료가 좀 더 신뢰를 얻기 위해서는 단순히 가입자 기준보다는 실
제 구매자 기준의 조사가 더 필요한 실정이다.

〈그림 17〉 디지털 케이블에서 소득수준과 쌍방향 서비스 사용 패턴의
상관관계

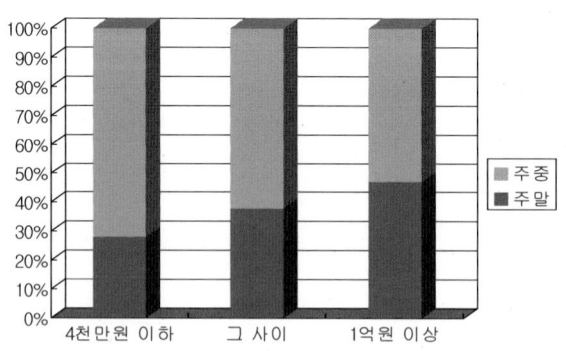

자료원: Research International

　그림 22-3은 가구별 소득차에 따라 쌍방향 방송 서비스를 이용하는 시기에 유의미한 차이가 있음을 보여 준다. 2001년에 Research International이 발표한 이 자료를 보면, 영국의 디지털 쌍방향 TV 시청가구들은 소득 수준이 높을 수록 평일 못지 않게 주말에 쌍방향 서비스를 이용하는 빈도(45%)가 많다. 반면 소득 수준이 4천만원 이하인 가구는 주말에 쌍방향 서비스를 이용하는 빈도가 전체 이용률에서 30%에 채 미치지 못한다. 이 자료만으로는 소득별 총 이용빈도수를 알 수 없지만, 일반적으로는 소득이 높을 수록 교육수준이 높고 쌍방향 서비스 또한 적극적으로 이용할 가능성이 상대적으로 높다고 예측된다. 왜냐하면 쌍방향 서비스의 상당부분은 T-Commerce와 직간접적으로 연계되어 있기 때문에 소득 수준에 따라 이용빈도에 차이가 있을 것이기 때문이다.

　위와 같은 결과치들을 어떻게 평가해야 할까? 고무적인가? 비관적인가? 현재로서는 다음 두 가지만은 분명히 말할 수 있다. 하나는 쌍방향 방송 시장이 열린 지 약 4년 남짓 되었음에도 불구하고 영국에서 아직 쌍방향 서비스 시장이 충분히 만개했다고 보기는 어렵다는 것이며, 다른 하나는 그렇다고 해서 쌍방향 서비스 시장이 일시적인 첨단 테크놀로지 유행 정도로 그치거나 옵션의 성격이 아니라 장차 거의 모든 유료 방송 시청자들이 이용하게 될 성장 잠재력이 높은 시장이란 것이다. 이러한 성장에는 해당 국가마다 처해 있는 다양한 제약여건들이 제동을 걸게 마련이며, 가장 환경이 좋은 영국조차도 일사천리로 쌍방향 방송 서비스 하부구조와 상부구조(소비자들과 광고주의 욕구)를 달성할 수는 없는 법이다. 급격하게 변화하는 방송환경의 현실을 감안하더라도 플랫폼 사업자들은 저마다 경쟁력을 확보하기 위해 사업 역량을 다각화하고 업그레이드 할 필요가 있으며, 광고주와 광고회사 또한 이러한 변화의 조짐이 낳을 다양한 가능성을 놓고 신중하되 진지한 검토를 거듭하고 있다. 실례로 Woolworths의 T-Commerce 책임자

였던 Howard Unna는 2002년 들어 그 동안 상대적으로 디지털 쌍방향 TV 시장에 대해 무관심하거나 무지했던 광고계로부터 변화의 조짐이 느껴진다고 한다. 그가 쌍방향 온라인 쇼핑몰을 TV에 개설해 약 2 년 남짓 동안 나름대로 성공을 거두자 그제서야 광고회사들로부터 쌍방향 비즈니스의 노하우를 함께 활용해보자는 제안들이 하나 둘씩 들어온다는 것이다. Howard Unna는 영국에서 광고회사들이 초기 디지털 쌍방향 방송 시장에 적극적으로 뛰어들지 않는 바람에 T-Commerce 사업자들과 광고주들이 시장 변화에 시기적절하게 대응하는데 어려움을 가중시켰다고 비판했다.

제4부

호주의 디지털쌍방향TV 방송에 대한 반응 조사 결과

I. 조사 개요

이 조사는 호주의 대표적인 쌍방향TV 방송 연구기관인 머독대학의 ITRI(Interacive Television Research Institute)에서 2002년 4월에 호주의 대표적인 디지털쌍방향방송 관련 업체에서 근무하고 있는 디지털쌍방향 방송 전문가 200명을 대상으로 실시하였다. 이들의 직종은 컨텐츠 프로듀서, 컨텐츠 개발자, 쌍방향방송 기술자, 플랫폼 운영자, 디지털방송 애널리스트, 정부 디지털방송 담당자, 광고 회사 직원으로 구성되어 호주에서 디지털쌍방향방송을 움직이는 대표적인 직종을 대부분 포함하고 있다. 이들에게 15개 주제에 대한 58 항목으로 구성된 설문지에 응답하게 하였다.

Ⅱ. 조사 결과

1. 호주 디지털TV방송 전환율 전망

2008년까지 디지털TV방송으로의 전환율은 전체 호주 가구의 46% 정도 될 것으로 전문가들은 전망하였다. 이 수치는 호주 정부에서 목표로 하고 있는 2008년까지 100% 디지털 전환과는 많은 차이가 나타나고 있다.

〈그림 18〉호주의 디지털TV방송 전환율 전망

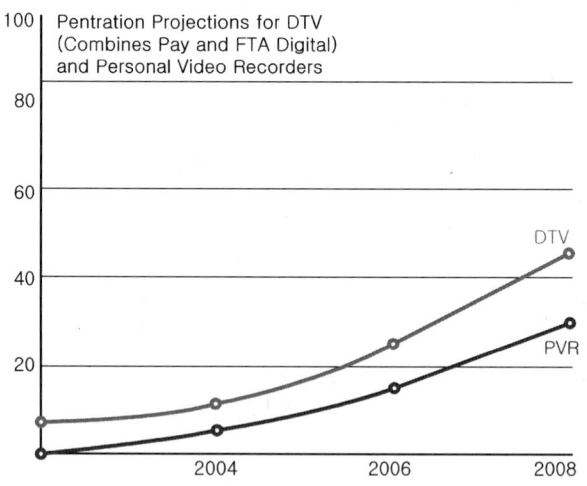

자료원 : ITRI

2. 호주 디지털TV방송의 발전에 대한 태도

호주에서 디지털TV방송의 발전의 발전에 대한 태도가 전문가별로 차이를 나타냈다. 컨텐츠 관련 전문가들과 기술전문가는 긍정적인 반면 광고 전문가들은 다소 회의적이었다.

〈그림 19〉 전문가별 호주 디지털TV방송에 대한 태도

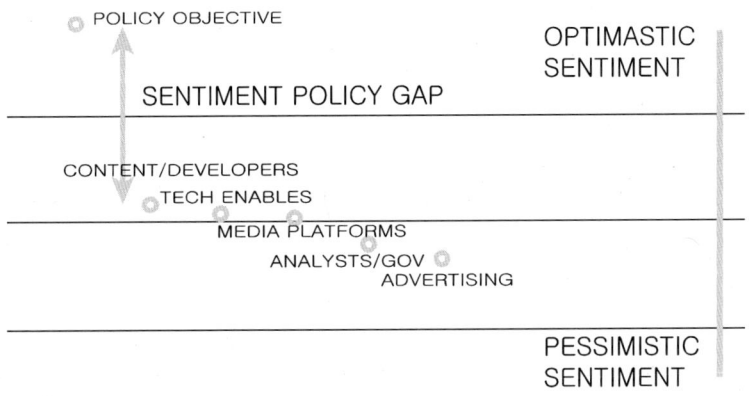

자료원 : ITRI

3. PVR(Personal Video Recoder) 가입 비율 전망

호주 시청자들의 PVR의 가입율이 매년 늘어나 2008년에는 호주 전체 가구 중 32%가 PVR에 가입될 것으로 전망하고 디지털TV방송에서 PVR의 가입비율이 계속 증가될 것으로 전문가들은 전망하였다.

〈그림 20〉 호주 디지털TV방송에서의 PVR 가입비율 전망

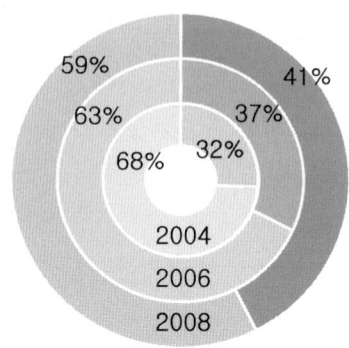

자료원 : ITR

4. 디지털TV방송에서 기대하는 혜택

　호주에서 시청자들은 디지털TV방송에서 쌍방향성(Interactivity)를 가장 큰 혜택으로 기대하고 있고 다른 형태의 광고, 화질·음질의 향상을 높게 기대하는 것으로 호주 전문가들은 꼽고 있었다.

5. 디지털TV방송에서 소비자가 기대하는 인터랙티브 서비스 혜택

　호주 디지털TV방송에서 소비자는 동시에 복수 채널을 볼 수 있는 서비스, 프로그램 가이드, 쌍방향 게임 등을 인터랙티브 방송 서비스 혜택으로 많이 기대하고 있는 것으로 전문가들은 전망했다.

〈그림 21〉 디지털TV방송에서 기대하는 혜택

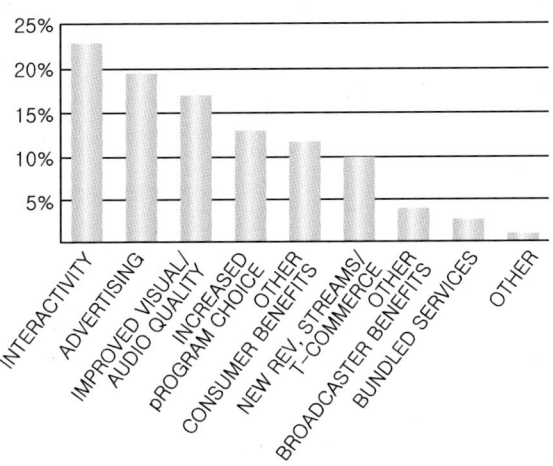

자료원 : ITRI

〈그림 22〉 호주디지털TV방송에서 소비자가 기대하는
인터랙티브 서비스 혜택

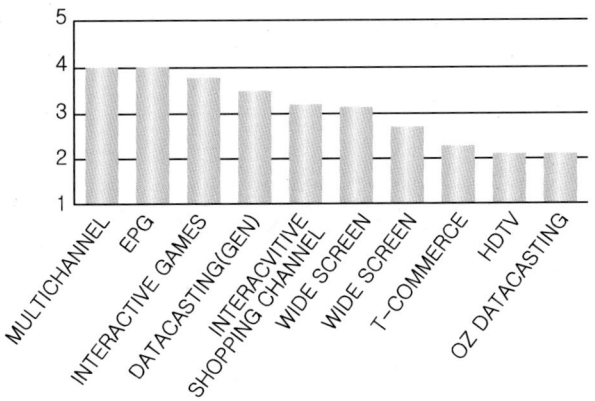

자료원 : ITRI

6. 전문가별 기대하는 인터랙티브 방송 서비스

호주 디지털TV방송에서 전문가별로 높게 기대하는 인터랙티브 방송 서비스가 다소 달랐다. 광고전문가는 멀티채널 서비스를 가장기대하였고 컨텐츠전문가는 쌍방향 게임을 미디어전문가는 EPG를 기술전문가는 데이터방송 서비스를 가장 기대하였다.

〈그림 23〉 호수디지털TV방송 전문가별 인터랙티브 방송 서비스 기대 내용

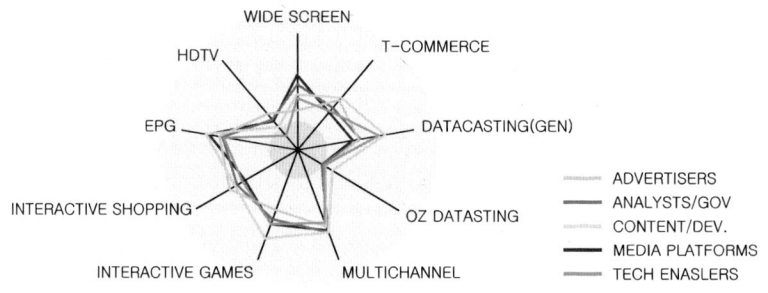

자료원 : ITRI

7. 디지털TV방송에서의 인터랙티브 컨텐츠 기대

호주의 디지털TV방송에서 스포츠와 게임쇼 어린이 프로그램 등에서 인터랙티브 방송 서비스의 기대가 높고 코미디와 드라마에서의 인터랙티브방송 기대는 다소 낮은 것으로 전망되었다.

〈그림 24〉 호주 디지털TV방송에서의 인터랙티브 컨텐츠 기대

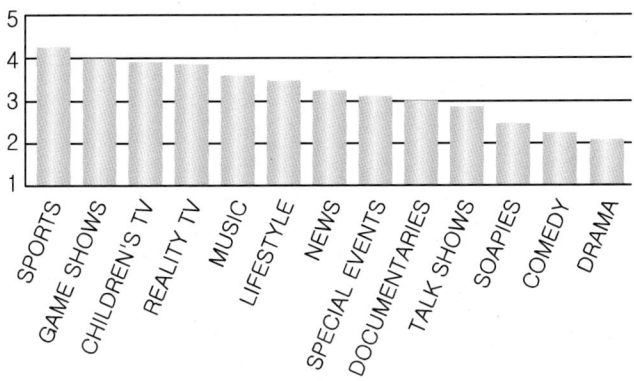

자료원 : ITRI

8. 전문가별 인터랙티브 컨텐츠 기대

호주 디지털TV방송에서 전문가별로 인터랙티브 방송 컨텐츠로 기대하는 방송 프로그램에 다소 차이가 있었다. 광고 전문가와 컨텐츠개발자는 스포츠, 디지털방송 애너리스트는 게임 프로그램, 미디어전문가와 기술전문가는 어린이 프로그램에서 인터액티브 서비스를 가장 기대하였다.

〈그림 25〉 전문가별 디지털TV방송에서의 인터랙티브 컨텐츠 기대

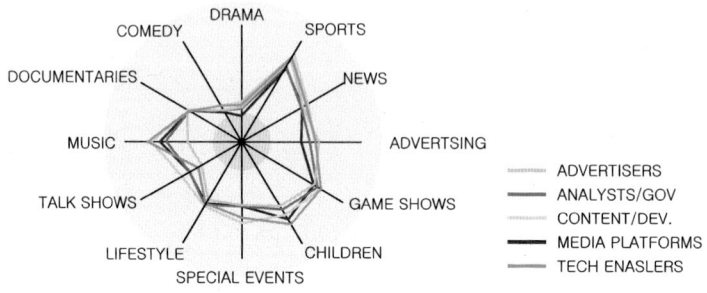

자료원 : ITRI

9. 인터랙티브 서비스와 컨텐츠

호주 디지털TV방송에서 인터랙티브 서비스와 인터랙티브 컨텐츠 기대를 함께 비교해보면 다음과 같았다.

〈그림 26〉 호주 디지털TV방송에서 인터랙티브 서비스와 인터랙티브 컨텐츠 기대

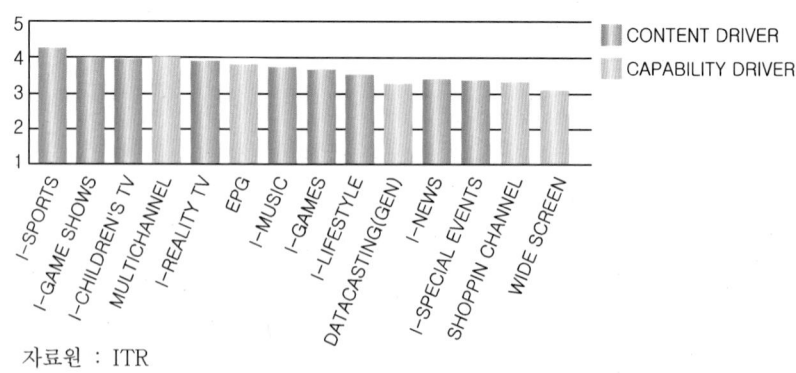

자료원 : ITR

10. 디지털TV방송의 장해 요인

호주 디지털TV방송 발전에 대한 장해 요인으로 방송정책과 비용, 작은 시장규모, 마케팅과 인식 부족 등을 전문가들이 많이 언급하였다. 전문가들은 컨텐츠의 부족은 장애요인으로 잘 인식하지 못하고 있으나 시청자 관점에서 장해 요인들 중 선택할 때는 매우 중요한 장애요인으로 선택하고 있었다.

〈그림 27〉 호주 디지털TV방송의 발전 장해 요인

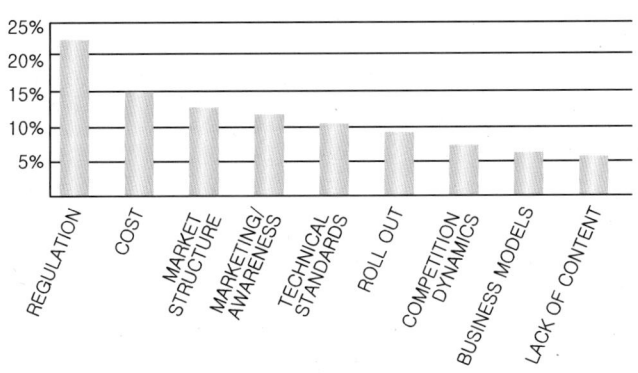

자료원 : ITR

11. 디지털TV방송의 광고 활성화 동인

호주 디지털TV방송에서 광고 활성화 동인으로 시청을 누가 하는지 알게되어 타깃특성에 맞는 광고를 집행할 수 있고 시청자의 반응을 바로 유도할 수 있다는 점들이 많이 언급되었다.

〈그림 28〉 호주 디지털TV방송의 광고 활성화 동인

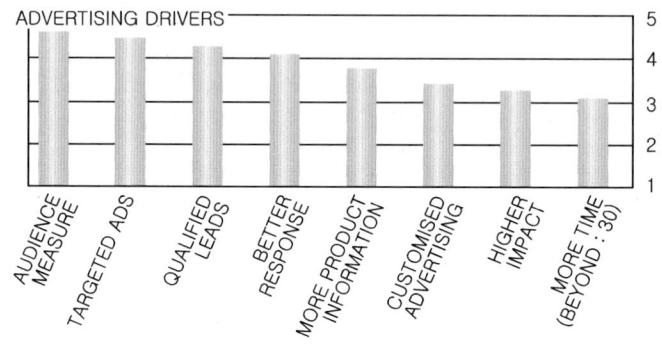

자료원 : ITRI

12. 전문가별 광고 활성화 동인 인식

호주 디지털TV방송에서의 광고를 활성화시키는 동인에 대한 인식
이 전문가별로 다소 차이가 있었다. 광고전문가는 타켓득성 맞춤형 광
고가 가능한 것을 가장 높게 잡았고 컨텐츠 디지털방송 애너리스트는
효과측정 가능성을 개발자와 미디어 전문가, 기술 전문가는 판매유도
를 광고 동인으로 가장 높게 인식하였다.

〈그림 29〉 호주 디지털TV방송에서의 광고 활성화 동인에 대한
전문가별 인식

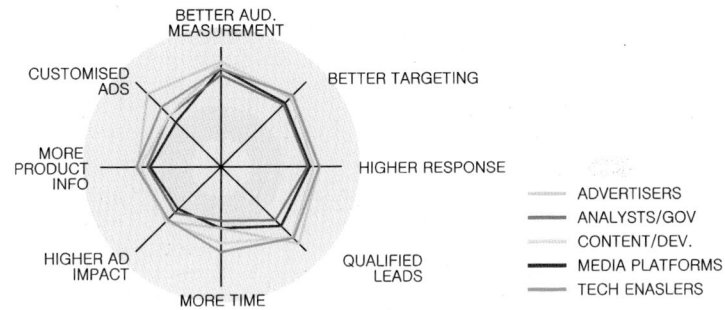

자료원 : ITRI

13. 디지털TV방송에 대한 전문가별 인식 비교

호주 디지털TV방송에 대해 전문가별로 컨텐츠와 인터랙티브방송
역량과 광고에 대한 인식을 비교하면 다음표와 같다.

〈그림 30〉 호주 디지털TV방송에 대한 전문가별 인식 비교

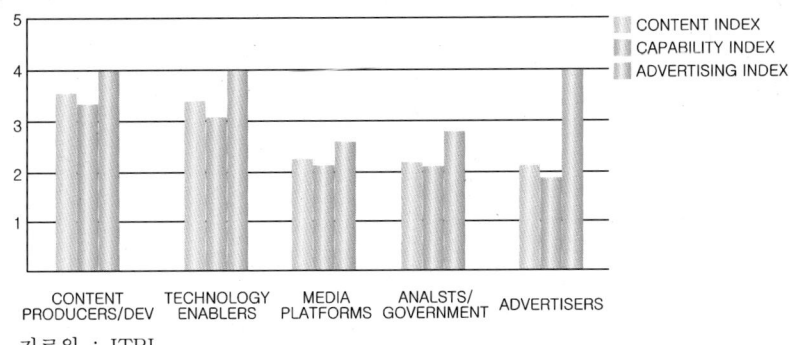

자료원 : ITRI

14. 디지털TV방송 발전을 위한 정부 지원 희망 사항

호주 디지털TV방송의 발전을 위해 정부가 지원해 주기를 희망하는
사항들 중 정책의 유연성, 경쟁 정책, 기술 표준 등이 전문가들에 의해
많이 언급되었다.

〈그림 31〉 호주 디지털TV방송 발전을 위한 정부 지원 희망사항

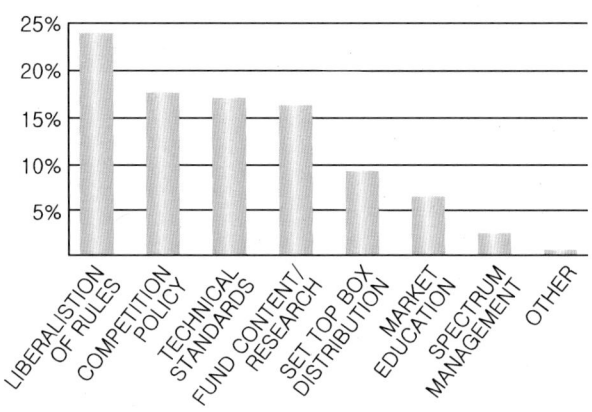

자료원 : ITRI

15. 디지털TV방송 업계의 필요 정보

호주 디지털TV방송 업계에서 필요한 정보로 기술, 비즈니스와 광고
모델, 트렌드와 전망 등을 전문가들이 많이 언급하였다.

〈그림 32〉 호주 디지털TV방송 업계에서 필요한 정보

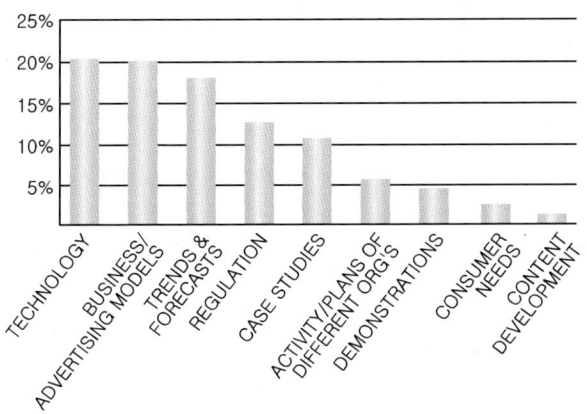

자료원 : ITRI

제5부

디지털방송, 인터랙티브
광고마케팅 용어

Ⅰ. 디지털방송 용어

ADSL : Asymmetric Digital Subscriber Line(비대칭 디지털 가입선):
브로드 밴드를 기존의 전화선으로 다운시킬때 사용되는 기술, 상향
신호와 하향신호를 다르게 하여 가능하게 하였다 상향신호는
16kbps~ 800Kbps, 하향신호는 1.5Mbps~9Mbps 정도

Advanced Television System Committee(ATSC) :
미국의 연방통신위원회(FCC)가 미국 디지털 지상파 TV방송표준으
로 정한 표준방식이다.

Analogue(아날로그) :
모든 정보와 컨텐츠가 숫자로 단절되는 것이 아니라 전류와 전압전
류와 같이 표현되는 값으로 표현하는 방법이다.

Broadband(광대역망) :
많은 양의 정보를 전송할 수 있도록 하는 인터넷 서비스 2Mbps 이
상의 속도가 주로 이용된다.

CAS : Conditional Access System(조건부 접속 시스템) :
유료TV 사업자가 비용을 지불한 가입자만 컨텐츠에 접속하도록 해
주는 시스템

Digital(디지털) :
모든 정보와 컨텐츠를 0과 1이라는 이상적인 숫자로 부호화하며 표
현하는 방법

DSL : Direct to Home(직접수신위성방송) :
ADSL, VDSL 등의 광대역 디지털 서비스망.

DTH : Direct to Home(직접수신위성방송) :
수용자가 직접 접시 안테나를 통해 수신하는 위성방송, DBS(Digital Boradcasting by satellite)와 같은 뜻으로 사용된다.

DTT(Digital Terrestrial TV) :
디지털 지상파방송

DVB(Digital Video Broadcasting) :
디지털 전송표준을 위한 범유럽 컨소시엄

DVB-MHP(Multimedia home platform) :
디지털방송 DVB 프로젝트에 의해 표준화된 쌍방향 전송방식 표준

DVD(Digital Video Disc) :
CD와 같은 크기에 동영상을 녹화한 디스크, 화질과 음질이 뛰어나서 비디오를 대체하고 있다.

Enhanced TV Service(연동형TV서비스) :
방송국 A/V메시지에다가 연결시켜 부가정보를 텍스트 형태로 보내고, 저장하여 시청자가 원할 때 언제든지 꺼내볼 수 있는 서비스

Enhanced TV(연동형 TV) :
컨텐츠와 관련 있는 추가정보나 어플리케이션이 포함된 TV

EPG : Electronic Program Guide(전자프로그램 안내) :
디지털방송 프로그램 목록을 통한 방송검색과 양방향 서비스를 연결시켜주는 전자프로그램 가이드

FCC(Federal Communications Commission) :
미국 연방통신위원회, 방송과 통신을 모두 관장한다.

FTTH(Fiver to the Home) :
광케이블을 가정까지 연결시키는 방식

HDTV : High Definition TV(고화질 TV) :
영화수준의 고화질 서비스를 지향하는 TV로 200만 화질로 16:9 와이드 화면비이다.

IEG : Interactive entertainment guide(쌍방향 엔터테이먼트 안내) :
고도화된 EPG라 불린다. 차세대 양방향 서비스의 특징과 보다 압축된 프로그램 리스트를 포함한다.

IP(Interactive Protocol) :
데이터 패킷이 네트워크를 통해 전송되는 방법이나 프로토콜

ITV(Interactive TV(쌍방향TV) :
쌍방향 상호작용이 가능한 TV

MHP(Multimeda Home Platform) :
대역폭이 확장되어 TV를통해 실시간 동영상까지 쌍방향 서비스가 가능하고 원하는 프로그램을 검색할 수 있는 기술표준

MPEG(Motion picture experts group) :
디지털비디오 전송을 위한 국제적인 압축표준

MSO(Multiple system operator) :
여러 케이블 SO를 운영하는 기업

Nvod : Near video on demand(유사주문비디오) :
같은 컨텐츠를 시차를 두고 몇 개의 다른 채널로 전송하여 시청자가 짧은 시간 내에 마치 주문한 것처럼 볼 수 있는 서비스

OCAP(Open Cable Application Platfomr) :
미국에서 디지털 케이블방송의 데이터방송 표준으로 정한 방식이다.

OFTEL(Office of Telecommunications) :
영국의 통신 규제기구

PP : Program Provider(프로그램 공급자) :

방송프로그램을 제작하여 공급하는 케이블 프로그램 공급업자 또는
채널 사업자

PPV : pay-per-view(시청량 단위 유료 서비스) :

시청자가 프리미엄 컨텐츠를 시청단위로 비용을 지불하고 보는 서비
스. 특히 스포츠나 영화 등 특별 서비스로 제공된다.

PVR(Personal Video Recorder :

TV시청 중 화면을 중지 시켰다가 다시 보거나 좋아하는 프로그램
을 내장된 하드디스크에 예약녹화할 수 있게하는 서비스

Return Channel(반송회선) :

시청자가 방송국에 반응이나 의견을 보낼 수 있는 Feedback 회선망.

SDTV : Standard Definition TV(표준형 TV) :

다양한 정보를 제공하는 다채널 서비스에 적합하여 40만화소의 화질
로 4:3의 화면비이다.

SMATV(satellite master antennal television) :

아파트 등 다세대 주택에서 위성을 수신할 때, 각 가구마다 위성안
테나를 설치하고 공동안테나를 설치하여 전파를 수신한 후 각 기구
에 케이블을 이용하여 분배하는 방식

SO : System Operator(프로그램송출자) :

방송프로그램 송출을 담당하는 케이블 방송 플랫폼 사업자

STB(Settop Box) :

디지털 신호를 TV 수상기에 맞게 변환시켜 주는 장비

Steaming :

동영상이나 오디오를 모든 데이터가 올 때까지 기다리지 않고 실시
간으로 다운시켜 주는 방식

Subscriver Management System(가입자관리시스템) :

유료TV에서 가입자를 관리하는 시스템. 유료 TV의 성패를 가름하
는 중요한 인프라이다.

TV홈네트워킹 :

가정내의 가전제품인 냉장고, 전자레인지, 세탈리, CCTV 등이 상호
연결되어 작동이 상호 제어되는 시스템

VDSL(Very high-bit rate Digital Subscriber Line) :

초고속 인터넷 중 가장 빠른 것으로 VOD 및 고화질 디지털TV용으
로 적합한 서비스이다.

Videotex(비디오텍스) :

텔리텍스트(teletext)와 같은 의미로 사용되며 TV방송에서 뉴스, 쇼
핑 및 기타정보를 담는 텍스트를 화면으로 읽을 수 있게 하는 서비
스

VOD : Video On Demand(주문비디오 서비스) :

방송프로그램 목록에서 특정 프로그램을 골라보면서 화면을 빨리 감
기하거나 되감기 할 수 있게 하는 서비스

Walled Graden TV Service(울타리TV서비스) :

TV환경에 맞게 별도 제작한 유사 인터넷 공간을 제공하는 서비스

II. 인터랙티브 광고마케팅 용어

Banner on EPG :
전자프로그램 안내화며의 배너광고

Banner on Station Break :
프로그램 사이에 있는 방송국 전용 안내고지 시간 화면에등장하는
배너광고

Banner or CM on Channel EPG :
개별프로그램 공급자(PP) 채널별로 방송 프로그램을 안내하고 검색
할 수 있도록 차는 채널 EPG에 등장하는 광고

CIC : CM in CM(광고 연동형 광고) :
광고 속에 삽입된 광고라는 의미로 전통적인 일방향 광고와 링크된
쌍방향TV광고 형태이다.

CIP : CM in Program(프로그램 연동형 광고) :
방송프로그램 내용중에 삽입된 공고로 프로그램을 보다가 시청자의
의사에 따라 링크되는 쌍방향TV광고 형태이다.

CM : Commercial Message(방송광고) :
방송을 통한 광고

CM on EPG :
전자프로그램 안내 화면의 동영상광고

DAL : Dedicated Advertiser's Location(광고주 TV 사이트) :
광고주가 자사 제품과 서비스에 관한 보다 충실한 정보를 전달할 수
있도록 할당된 TV 속의 사이버 전용공간에 등장하는 광고이다.

Data Channel Ad(데이터 채널의 쌍방향 광고) :
  유사 인터넷 환경에서 날씨, 증권 등 텍스트 기반의 부가정보만 전
  달해주는 데이터채널에 등장하는 쌍방향 광고

In Brdak(즉각반응) 쌍방향 광고 :
  TV광고 화면에 떠있는 쌍방향 아이콘 또는 자막을 1회 클릭하는
  건반으로 제품안내책자 신청, 쿠폰발행, 전화상담요청 등의 시청자
  의사가 곧바로 피드백되는 방식의 광고

Jump To(뛰어들기) 아이콘 광고 :
  전통적인 일방향 TV광고 화면위에 표시된 아이콘으로 클릭하면 시
  청자를 온라인 거래가 일어나는 울타리(Walled Garden)공간으로 이
  동시켜 준다.

M-Commerce(모바일전자상거래) :
  모바일을 통한 전자상거래

STS : Simultaneous Target Segments(타켓 선택형 쌍방향 광고) :
  전통적인 광고 한편에 타켓별로 세분화된 쌍방향 광고 여러편이 동
  시에 링크되어 있는 광고형태이다.

T-Banking(TV은행) :
  TV방송을 통한 은행거래

T-Commerce(TV전자상거래) :
  TV를 이용한 전자상거래

T-Stock(TV증권) :
  TV방송을 통한 증권거래

TV-BBS(TV게시판) :
  TV를 통해 게시판에 글을 올리거나 읽음

TV-Email(TV이메일) :

TV를 통해 이메일을 주고받음

Walled Graden AD(울타리광고) :

TV환경에 맞게 제작된 TV사이트에 등장하는 쌍방향 광고형태이다.

참고 문헌
(가나다순)

I. 국내문헌

강상현 김국진 정용준 최양수, 디지털방송론, 한울아카데미, 2002.

김광수, 상품관여의 이해, 광고연구(제10호), 1991.

김정구, 미래형 e마케팅, 영진Biz.com, 2001.

김대호, 양방향TV, 나남, 2002.

김영석, 디지털미디어와 사회, 나남, 2000.

김상훈, 디지털시대의 방송광고, 한국방송학회 주최 국제세미나 발표문, 1998.

김효근 문영미, T-commerce전략과 기술, 시그마 인사이트, 2002.

노형진, 한글 SPSS에 의한 조사방법 및 통계 분석, 형설출판사, 2000.

에어코드 정책개발실, Data Broadcasting, 느낌이 있는 책, 2001.

여송길, 인터랙티브미디어의 광고동향연구, 한국방송광고공사, 2001.

왕상한, 디지털방송과 법, 나남, 2002.

윤성준, 웹쇼핑몰사이트 신뢰도의 결정요인과 구매의향에 미치는 영향에 관한 시뮬레이션 접근방법, 경영학연구(제29권 제3호), 2000.

이경렬, 인터넷 띠형광고 처리과정에서 조정변인으로서의 관여도 및 인지욕구의 역할에 관한 연구, 광고연구(제52호), 2001.

이규완 박원기, 디지털시대 위성, 케이블, 인터넷방송의 광고영업 타당성에 관한 연구, 한국방송광고공사 연구보고서, 2000.

이명천, FCB 그리드 모델의 타당성과 활용을 위한 전제, 광고연구(제8호), 1990.

이시훈 김세철, 인터랙티브 TV광고의 도입과 지상파방송광고의 위상, 광고연구(제52호), 2001.

이유재, 서비스마케팅, 학현사, 2000.

이창근 김광수, 매스미디어 심리학, 나남, 1993.

이창우 김상기 곽원섭, 광고심리학, 성원사, 1989.

정보통신정책연구원, 디지털지상파방송 전망과 정책적 과제, 정보통신이슈(제9권 8호), 1997.

정보통신정책연구원, 디지털방송산업 종합발전계획 수립, 2001.

정용준, 세계의 디지털 위성방송, 커뮤니케이션북스, 2001.

차배근, 설득커뮤니케이션이론, 서울대학교 출판사, 1988.

최환진, 인터넷 광고의 효과과정에 관한 연구-웹사이트의 상호작용성을 중심으로, 경희대학교 박사학위논문, 1999.

한은영, 인터랙티브 TV서비스의 전개현황 및 주요쟁점, 정보통신정책연구원, 연구보고서, 2000.

DTVplus, 국내 인터랙티브 TV광고와 전자상거래 규모 예측, 내부보고서, 2001.

KDB, 데이터 방송서비스 사업설명회 자료, 2001.

강태영, 노기영, 윤석민, 최양수(2003). 위성 DMB 시장구조 분석 및 활성화 방안.

한국언론학회 주최 〈위성 DMB 국제세미나 발제문〉.

고장원(2004), 유비쿼터스 광고마케팅의 변화, 광고계 동향, 2004. 4.

김원재(2004), 유비쿼터스와 미디어서비스로서 DMB, 방송학회 학술대회, 2004. 5.

김대선(2004), 인터넷마케팅 상반기 결산 및 하반기 전망, 디노포럼, 2004. 7.

김성민(2004), 지상파 DMB 시장 현황과 전망, TTA저널, 2004. 07.

김성호(2004), 신규미디어와 방송광고 환경의 변화, 광고계동향, 2004. 6.

김태우(2002), 디지털방송과 광고 환경의 변화, 광고정보 2002. 3.

나카지마히사오(2003), 유비쿼터스마케팅, 한국광고학회 학술대회 발표논문, 2003. 10.

노준석(2004), 유비쿼터스와 디지털 TV, 방송학회 정기학술대회 발표논문, 2004. 05.

문명철(2001), 무선인터넷컨텐츠마케팅, 무선인터넷백서, 2001.

박소라(2004), 모바일미디어 확산모델과 새로운 유형화, 언론학회 세미나, 2004. 09.

박원기(2004), 디지털방송 입법 과정, 광고정보, 2004. 09.

변동식(2003)방송매체의 대안으로서의 초고속 인터넷 망의 활용방안(IP-TV), 한국방송학회 학술대회, 2003. 11.

서연주(2003), 유비쿼터스, 국회도서관보, 2003. 10.

안종배(2005), 나비효과 블루오션마케팅 100, 미래의 창, 2005. 11.

안종배(2004), 나비효과 디지털마케팅, 미래의 창, 2004. 12.

안종배(2004), DMB시장 전망과 광고 활성화 방안 연구, 광고학회학술대회, 2004. 10.

안종배(2003), 디지털미디어시대 방송광고의 변화연구, 방송학회 학술대회, 2003. 11.

안종배(2003), 인터넷광고마케팅 크리에이티브, 서울: 나남.

안종배, 고장원(2003), 디지털방송 광고마케팅의 이해, 서울: 두남출판.

여송필(2003), 디지털 멀티미디어 방송(DMB)매체활용연구, 서울: KOBACO.

윤승욱(2004), 유비쿼터스사회와 모바일서비스, 방송학회 학술대회, 2004. 05.

이만제(2003), 디지털시대 뉴미디어 방송산업 활성화 방안 연구, 서울: KOBAKO.

이상홍(2004), 모바일비디오콘텐츠 국내외 사례분석, 언론학회 세미나,

2004. 09.

이시훈(2003), 인터랙티브 광고 활성화 방안 연구, 서울: KOBAKO.

이종혁(2001), 사이버 홍보 닷컴, 서울: 코리아피알, 2001. 6.

이지평, 강선구(2002), 디지털컨버전스에 따른 뉴트렌드, LG경제연구원, 2002. 10.

이진우(2004), 모바일 광고의 현황과 미래, 한국 광고학회 특별포럼, 2004. 3.

임규관(2003), 유비쿼터스와 컨버전스 전망, ie매거진, 2003. 겨울.

제일기획(2004), 광고연감, 2004. 5.

한국광고단체연합회(2003), 광고산업발전대책보고서, 2003. 12.

한국문화콘텐츠 진흥원(2003), 유비쿼터스시대가 문화콘텐츠산업에 미치는 영향 2003. 11.

한상훈(2003), 유비쿼터스시대의 도래, 광고정보, 2003. 7.

현대원(2003), 퍼스널 미디어 혁명과 소비자 주권시대의 도래, 디지털콘텐츠, 2003. 11.

Ⅱ. 외국문헌

Alexa Bezjian-avery, Bobby Calder and Dawn Iacobucci, New Media Interactive Advertising vs Traditional Advertising, Journal of advertising research, July/August, 1998.

A. Parausranan, Valarie A. Zeithaml, & Leonard L. Berry, Reassessment of Expectations as a comparision standard in measuring service quality, Journal of marketing, Vol.58, 1994.

Bernoff, J., Smarter Television, Forrester Research, Inc. Report, 2000.

Bloch, Peter H., Involvement Beyond the Purchase Process: Conceptual Issues and Empirical Investigation, Advances in Consumer Research, Vol.11, 1984.

Chan-Hoan Cho, How advertising works on the WWW: Modfied Elaboration Likelihood Model, Journal of Current and Research in Advertising, Vol.2, 1999.

Davis, F. D, A Technology Acceptance Model for Empirically Testing New End-User Information Systems: Theory and Results, Doctoral Dissertation. Sloan School of Management, MIT, 1986.

Ernest R. Cadotte, Robert B, Woodruff, and Roger L. Jenkins, Expectaions and Norms in Models of consumer satisfaction, Journal of marketing research, Vol.24, 2000.

Gerbarg, Darcy ed., The Economics, Technology, and Content of Digital TV, Lodon: Kluwer Academic Publishers, 1999.

,John Willey, the digital sattelite TV handbook, Newness, 1999.

Kurtz, David L. and Kenneth E. Clow, Service marketing, 1998.

Heeter, C., Interactivity in the Context of Designed Experience, Journal of Interactive Advertising, 2000.

James R. Coyle and Esther Thorson, The effects of Progressive Levels of Interactivity and Vividness in Web Marketing Site, journal of advertising, Vol.30, 2001.

John R. Rossiter and steven Bellman, A proposaed model for explaining and measuring Web Ad Effectiveness, journal of Current and Research in Advertising, Vol.21, 1999.

Kassarijian, H. H., Low Involvement: A Second Look, Advances in Consumer Research, Vol.8, 1981.

Katz, H., Interactivity in 2000: An industry viewpoint, Journal of Interactive Advertising, 1(1), 2000.

Krugman H. E., The Impact of TV Advertising: Learning without Involvement, Public Opinion Quarterly, Vol.29, 1965.

Lavidge, R. L. and A. Steiner, A Model for Predictive Measurement of

228

Advertising Effectiveness, Journal of Marketing, October, 1961.

Lee, Barbara, How and why people watch TV: Implication for the future of Interactive Television, Journal of advertising Research, Vol.35, 1995.

Lombard, M. & Ditton, T., At the heart of it all: the concept of presence, Journal of Computer-Mediated Communication, 3(2), 1997.

Lombard, M., & Snyder-Duch, J., Interactive advertising and presence: A framework, Journal of Interactive Advertising. 1(2), 2001.

Mackenzie, Scott B. Scott B., Richard J. Lutz & George E. Belch, The Role of Attitude toward the Ad as a Mediator of Advertising Effectiveness: A Test of Competing Explanations, Journal of Marketing Research, vol.23, 1986.

Mackezie, Scott B, Richard J. Lutz & George E. Belch., the Role of Attitude toward the Ad as a Mediator of advertising Effectiveness: Determinant and Consequences, Advance in Consumer Research, Vol.10, 1986.

McGuire, W. J., *Personality and attitude change: An information processing theory*, New York: Academic Press, 1968.

Michele Madansky., Traditional Ads in an Interactive environment, Phd Dissertation of the university of Chicago, 1999.

Mattews, J. & Jeffcoate, J., Interactive Television: the Market Opportunity, Ovum Report, July, 1995.

Mandeep Singh, Siva K. Balasubramanian and Goutam Chakraborty, A Compatative Analysis of three communication formats: Advertising, Informercial, and Direct Experience, Journal of Advertising, Vol.24, 2000.

Michele Madansky., Traditional Ads in an Interactive environment, Phd Dissertation of the university of Chicago, 1999.

Olson, jerry C. and Philip Dover., Disconfirmation of Consumer Expectations through Product Trial, Journal of applied psychology, vol.64, 1998.

Park, C. Whan and Mark S. Young, Types and Levels of Involvement and Brand Attituds Formation, Advances in Consumer Research, Vol.10, 1983.

Patrick Y. K. Chau, An Empirical Assessment of a Modified Technology Acceptance Model, Journal of Management information system, Vol.13, 1996.

Pavlou, P. & Stewart, D., Measuring the Effects and Effectiveness of Interactive Advertising: A Research Agenda, Journal of Interactive Advertising, 1(1), 2000.

Petty, Richard. E., John. T. Cacioppo and David. Schumann, Central and Peripheral Routes to Advertising Effectiveness: The Moderating Role of Involvement, Journal of Consumer Research, Vol.10, 1983.

Pradeep K. Korgaonkar & George P. Moschis, An Experimental study of cognitive dissonace, product involvement, expectations, performance and consumer judgement of product performance, Journal of advertising, Vol.11, 1982.

Rafaeli, S., Interactivity: Form new media to communications, in R. Hawkins et al. (eds.), Advancing Communication Science: Merging Mass and Interpersonal Processes, Newburry CA: Sage, 1988.

Rice, R., New media technology: Growth and integration, in The new media, Rice, Ron, and Associates, (eds.)., Beverly Hills, CA: Sage, 1984.

Rodgers, S. & Thorson, E., The Interactive Advertising Model: How Users Perceive and Process Online Ads, Journal of Interactive Advertising, 1(1), 2000.

Strain, J., Interactivity in Multimedia Applications. (Online). Available: www.deakin.edu.au/~agoodman/sci204/lecture8-98.html, 1997.

Tassel. Joan Van, Digital TV over Broadband: Havesting Bandwith, Boston: Focal Press, 2001.

Teas, R. Kenneth, Expectations, "Performance Evaluation, and Consumers' Perceptions of Quality", Journal of Marketing, Vol.57, 2001.

Zaichowsky, Judith Lynne, Measuring the Involvement Construct, Journal of consumer Research, December, 1985.

Zeithaml, & Leonard L. Berry, A. Parausranan, Valarie, The nature and determinants of customer expectations of service, Journal of the academy of Marketing science, Vol.21, 1991.

Brodin, K., Barwiese, P. & Canto, A. I., *UK consumer responses to iDTV report, London Business School Future Media Research Programme*, Working Paper, 2002.

Jenny Ashmore, Interactive*TV Advertising USA*, Access Conference, 2001.

Open TV, http://www.opentv.com

Stroud, Interactive *advertising on the Sky digital platform?*

[http://www.london.edu/marketing/Future/Future__Media__Events/

FM__Presentations/Adrian__Stroud__press__-__with__slides__deleted.ppt], Swann, P. *TV dot com: The future of Interactive television.* NY: TV Books, 2000.

Throckmorton, J, *Winning direct response advertising.* 2nd ed, NTC Business Books: Lincolnwood, ILL, 1997.

Wink, *Annual Report 1999*, Wink Communications, INC, 2000.

Wink, *The Power of Wink, Case Studies and Success Stories*, Wink Communications, INC, 2001.

• 저자 •

안 종 배 (安鍾陪)교수
디지털마케팅 박사 (daniel@hansei.ac.kr)

• 약 력 •

서울대 졸, 연세대 언론홍보대학원,
경기대 대학원, 미시건주립대 대학원 졸업

한세대 미디어영상학부 교수
한세대 디지털문화대학원 교수
디지털뉴미디어 국회포럼 운영위원
문화관광부 정책 자문위원
한국방송학회 모바일연구회 회장
한국광고학회 집행이사
국가청렴위원회 홍보자문위원
국정홍보처 전자홍보 기획자문위원
대한적십자사 홍보 자문위원
흥사단 투명사회운동본부 운영위원
한국문화콘텐츠진흥원 심사위원
IAA 국제광고협회 국제위원
국제인터넷광고협회 국제위원
국제모바일마케팅협회 국제위원

• 주요논저 •

『나비효과 블루오션마케팅 100』
『나비효과 디지털마케팅』
『Success 인터넷광고마케팅』
『디지털방송 광고마케팅의 이해』
『이메일마케팅커뮤니케이션』
『유비쿼터스 크리스천 문화전쟁』
외 다수

미디어융합시대의 디지털방송
인터랙티브 방송광고

• 초판 인쇄	2006년 5월 30일
• 초판 발행	2006년 5월 30일
• 지 은 이	안종배
• 펴 낸 이	채종준
• 펴 낸 곳	한국학술정보㈜
	경기도 파주시 교하읍 문발리 526-2
	파주출판문화정보산업단지
	전화 031) 908-3181(대표) · 팩스 031) 908-3189
	홈페이지 http://www.kstudy.com
	e-mail(e-Book사업부) ebook@kstudy.com
• 등 록	제일산-115호(2000. 6. 19)
• 가 격	12,000원

ISBN   89-534-5102-7 93300 (Paper Book)
          89-534-5103-5 98300 (e-Book)